覺照在當下

泰國二十世紀最傑出女修行者的禪修指導

PURE AND SIMPLE

The Extraordinary Teachings of a Thai Buddhist Laywoman

優婆夷紀・那那蓉
Kee Nanayon——著

釋見諦——譯

目錄

引言

優婆夷紀・那那蓉老師（Kee Nanayon），也以筆名紀皇園（K Khao-suan-luang）為人所知，是泰國二十世紀指導佛法修學最了不起的女老師。一九〇一年出生於曼谷西部一個城鎮萬基布林（Rajburi）省的中國商人家裡，是五個孩子中的老大；若將她的父親與第二任妻子所生的孩子也算進去，則為八個孩子中的老大。她的母親是一位虔誠的婦人，從她很小的時候便教導她佛教修行的基礎，譬如晚間的課誦及守持戒法。長大後她敘述說，六歲時，她對於母親在懷孕與生產某一個弟妹時所經歷的痛苦，充滿畏懼與厭惡，以及第一次看到新生兒時——「靜臥著，一個長著墨黑色毛髮的小不點兒」——她逃家了三天。這個經驗，加上父母分居時所感受到的恐慌，讓她在很小的時候便決定不向婚姻奴隸制度屈服。

在青少年時期，她將空閒時間投注於閱讀佛教書籍和靜坐，而她的工作則是經營一家小店以孝養年邁的父親。她的禪修進展得好到有能力在父親人生的最後那年教導他禪坐，並收到很好的結果。父親去世後，她仍繼續作生意，希望能夠存到足夠的錢，好讓餘生可以住在一個寂靜的地方，全心投入於修行。她的阿姨和姨丈也對佛法修行很感興趣。在一個長滿樹林、名為皇園山（Khao Suan Luang）（這個地方引發她選用為筆名）的山丘附近有一間小房子，就在苒基布林郊外，她經常到那兒去修行。一九四五年，當被第二次世界大戰擾亂的生活開始回復正常時，她將店舖交給妹妹，偕同阿姨和姨丈搬到那間小房子去，在那兒，三個人開始了將生命完全放在禪修上的生活，同時也沿用了優婆塞及優婆夷的稱號，即佛陀的在家男弟子與女弟子。他們在一個被遺棄的僧院裡，為自己所蓋的小蘭若，後來成為一個女眾修行道場的核心，一直興盛到現在。

在蘭若的生活很儉樸，跟早期外面有限的護持有關；然而，就算現在這個中心已經很著名，而且全部建設完畢，但因為儉樸所帶來的利益：調伏貪心、驕慢，以及其他心靈的不淨煩惱，同時儉樸能帶來釋放心靈重擔後的喜悅，至今仍維持著儉約的生活。在中心修行的女眾一律都要茹素，並禁用刺激物，如香煙、咖啡、茶及檳榔。他們每天聚在一起課誦、禪修，並討論修行。在優婆夷紀老師身體還硬朗的時候，她會召開特別會議讓成員報告自己的修行，之後她會作一個演講，回應他們所提出來的重要問題。本書所記錄的大部分演講，就是在這種場合下說出來的。

在中心的早期，一些朋友及親戚偶爾會來拜訪，給予護持，並且聆聽優婆夷紀老師的說法。當她的說法及修行境界很高的話傳開之後，前來拜訪的人絡繹不絕，有更多的女性加入這個團體。雖然她的學生很多都出家受持八戒，身著白衣，但她卻終其一生保持著受持八戒的在家女居士身分。

一九五〇年代中期，卡帶式的錄音法傳入泰國，朋友開始將她的說法錄音下來。一九五六年，他們將她的開示謄寫下來，印成一本小冊免費流通。到了一九六〇年代中期，許多免費的佛教作品，從皇園山如洪水般漫延開來，都是優婆夷紀老師的詩和開示，吸引了更多人來到她的中心，並將她樹立為泰國法師。無論是男眾或女眾，她都是最著名的法師之一。

優婆夷紀老師是一個無師自通的人，雖然年輕時，在多次拜訪寺廟時拾掇了禪修的基礎，但絕大部分是靠自己修煉，並沒有正式在一個禪師座下學習。她大部分的教導是從書本上而來，如巴利藏經及當代老師們的著作，以及在自己鍥而不捨求真的坩堝裡實驗所得。

優婆夷紀老師在生命的最後幾年因罹患白內障而失明，可是她仍然維持著嚴謹的禪修作息，並接見對佛法感興趣的訪客。在將中心託付給她從會員中指定的委員會後，於一九七八年在安詳平靜中往生。她的妹妹優婆夷婉（Wan），直到那個時候都扮演著中心的護法及輔助者的重要角色。她在優婆夷紀老師過世幾個月後加入這個團體，並且很快地成為領導人，一直擔任這個職位直到一九九三年過世為止。目前這個中心再一次由委員會管理，已經成長到可以容納六十個成員。

翻譯上的說明

除了兩處例外，本書全部內容都取自優婆夷紀老師的即席開示。第一個例外是序文，是從她在皇園山創立這個中心二十週年時所寫的一首詩裡面節錄出來的，她在詩中回憶了中心的早期生活。第二個例外是第一篇文章〈修行總說〉，這是一篇簡短的修行綱要，是她為早期開示集要其中一本所撰寫的引言。

另外還有兩個例外，本書全部內容都直接由泰文翻譯過來，其中一些已出現在泰國的私人印刷或斯里蘭卡的佛教出版協會發行的書籍中。優婆夷紀老師開示集要的其中一本，曾經以《趨向自我的穿透》（*Directing to Self-Penetration*）及《慧觀的提示》（*Directions for Insight*）為名出版，原先的翻譯出自另外一個人的手筆，經過優婆夷蘇曼那・恒沙瓦特（Sumana Hengsawat）在皇園山圖書館耐心的搜尋，找出了該書六篇開示裡的四篇泰語原始資料，在本書中以〈逆流而行〉這章呈現。至於剩下的兩篇，我則徹底地修改現前的譯作，務使它們與優婆夷紀老師的直截了當、不說廢話的風格保持一致。看到其他四篇開示的原始翻譯與原始的泰文有如此大的差異，我無法保證這兩篇修正過的開示之準確度。不過，它們依然含蘊了珍貴的佛法教示，所以我將它們放在〈逆流而行〉一章裡，作為前兩個的開示。為了讓集要更加完整，我附加了另一個開示：〈停住，觀察，然後放下〉，這篇文章是直接從泰語翻譯過來的。

我的翻譯目標是儘可能在內容及風格上做到與泰文原意相貼近，這樣做意味著蒐羅了大量重複的東西，可是我發現，重複在優婆夷紀老師強而有力的開示中扮演著很重的份量，同時覺得將它們保留下來並不會讓我感到不安。這些開示如果能夠朗讀出來，效果會更好。

坦尼沙羅比丘
慈心森林道場
山谷鎮，加州

序文

一九六五年，姨丈剛過世的時候，優婆夷紀老師寫了一首長詩，敘述在皇園山的前二十年。以下即是依其部分內容改寫而成的散文。

一九四五年六月二十六日，阿姨、姨丈和我三個人，第一次住在皇園山的集會廳。姨丈畢林．洛克賽（Plien Raksae）負責整修工作。他以前是務農的，住在山的另一邊，可是他已經放下家庭的憂慮，轉而修行佛法了。

這個地方過去是一間老舊僧院，許多年前由幾位出家人所設立，之後便被棄置。集會廳旁邊有一個由水泥塑成的八角形大容器，用來收集自大廳屋頂所流下來的雨水，足夠我們用上一整年。舊的小關房彼此遠遠地相隔著，沿著道路排到山頂通到集會廳。當地的在家眾曾在山腳下挖了一個大池塘來蓄積雨水，可是熱季時它就會枯竭。池塘邊有一條老舊的牛車道，環繞著這座山，將三十英畝的地區標示了出來，我們決定將這裡作為閉關之所。

我們剛到這裡時，這個地方長滿了樹叢與雜草，因此我們必須清出很多條道路才能穿越森林，通往山上、乃至通到山涯底下的洞窟——一個我們稱為最上寂靜窟

（Uttama Santi）的洞穴。日復一日地在森林中清理是很有趣的，很快地，另一個女眾也加入我們的行列。那個時候還沒有訪客來訪，所以這個地方非常清靜。

我剛來的時候，很怕鬼也很怕人，但憑著堅定的毅力，加上對因果業感的信仰，逐漸解開了我的憂慮與恐懼。我從來沒有在森林裡住過，根本不明白這樣做有何意義。以前我認為待在城市裡，經營一個店舖，賺足夠的錢供餘生之用比較好；可是來到森林裡過著簡單的生活，讓我開始領會到心情放鬆與自由自在，接觸大自然更刺激我去探索自己的內心。

沒有掙扎，沒有想念，
這顆心，寂靜下來，
會看到因與果
消失在空無中。
不執著任何事物，放下：
明白這個方法便是
消滅一切逼迫之道。

至於飲食，我們依靠生長在山頂那叢竹林所生的鮮美竹筍為生；雨季時不同樹木所生的苦果與莓子，則提供了我們醫藥。至於器皿，我們在森林裡找到什麼就用什麼。譬如說，椰子殼就是最好的碗，你根本不必擔心會打破。我們不斷地縫補舊衣裳，睡在集會廳的舊蓆子及木枕頭上。我又在山上的洞窟裡放了另一個木枕頭，以便休息時使用。對禪修者來說，木枕頭是最理想的。如果你用的枕頭是柔軟的那種，就必須掛心地將它們安全地收藏起來。

山上有各式各樣的動物：野貓，野禽，兔子，鼴鼠，蜥蜴，蛇。一群猴子在樹上吃果子時，偶爾會來干擾我們；貓頭鷹的叫聲及鴿子的哀叫聲，迷漫在空中；一群群蝙蝠住在洞窟裡，夜間飛出去直到黎明時分才歸來；至於螞蟻和白蟻，因為不會飛，所以總是專注地走著，牠們要朝哪兒去呢？而牠們積極地分工合作扛著的，又是些什麼呢？

來到這兒，我們切斷了過去所有的記憶，只關心在解除痛苦的追求上要有進步。訪客來了又走了，但更多的人留下來跟我們同住，目的是學習訓練這顆心的方法，這樣一來，他們痛苦的負擔就會減輕。我從來沒有接受過教學的訓練，現在卻發現自己經常在討論思維五蘊的善巧方法。所有前來修行的人都曾經參訪過寺院，因此在法上及以清淨眼的態度來修行上，都已經受過很好的教導。我們經常聚在一起討論訓練這顆心去善巧地探究身與心的各種方法。

現在，二十年之後，這座森林不再荒蕪，這個場所的環境也已改善許多，能夠更裨益於以超越痛苦與逼迫之循環為目標的修行。如果我們持續在修道上前進，遵循聖弟子的楷範，以誠懇、智慧及精進的毅力，明智地探索五蘊，肯定會看到所預期的結果。

請幫忙維持這座森林的芳香
直到天塌地陷，
皇園山的森林，
依然是寧靜的園地
佛法在那兒回響：
解開束縛——涅槃——
乃無有眾苦
的一種特質。

第一章

向內觀察

修行概說

這個訓練很容易學，能夠產生立即的效果，適用於每一個時空，每一個年紀，不分男女，就在這個身體學府裡學習。身體有六尺長，一肘寬，以及一手掌厚，並且有個能覺知的心負責指揮。這個身體包含很多東西，從粗糙的到細微的不等，都很值得去認識。

修行佛法的人，應該按照下列階段訓練自己：

首先，認識到這個身體是由好幾種物質屬性所合成，其中主要的物質屬性是地、水、火與風；次要的物質屬性則是依附於主要物質屬性所現出的特質，像顏色、氣味及形狀。

這些物質屬性都不是恆常的，帶有壓迫性與不清淨性，如果深入地觀察，就會看到裡面根本沒有任何實質，它們只不過是客觀不受人控制的各種狀態，完全不含任何堪稱為「我」或「我的」東西。當你清楚地從這個角度認識這個身體，就能夠放開任何將身體視為一個實體，視為你自己、別的人、這個或那個的貪愛與執著。

第二，處理心理活動的現象（感受、分別、心行心思、具覺知性的神識），專注於生起，持續，然後消滅的真相軌跡；換句話說，心裡活動現象的本質是生起，然後消滅，不斷地循環著。當你看到這個真理，就能夠放開心中把這些心理活動現象視為一個實體，視為你自己、別的人、這個或那個的執著了。

第三，修行的訓練指的不僅僅是研究、聽講或閱讀。你必須修煉，才能在以下的步驟中用自己的心清楚地觀察。

起步時要將一切外在的掛慮都放下，並向內觀察自己的心，直到明白心是清晰或模糊、安靜或不安靜時的如實相貌。要修煉這一點，在觀察身與心時，應當由覺照及覺知負責指揮，直到你訓練好這顆心，讓它堅固地安住於一種正常或不偏不倚的狀態為止。

一旦這顆心能安住於正常的狀態，你將看到心的各種活動及牽掛，表露出它們本然的生起與消滅的形態。這顆心將會是空的、中立的與靜止的，既非快樂，亦非不快樂；同時也會觀察到身與心的活動現象，不過是依本身的因緣，自然地生起與消滅。

當「這裡面任何一部分都不是我」的認知變得徹底清楚時，你會碰到某個更深沉的東西，它超越了一切痛苦與逼迫，脫離變化不已的循環，即不死之境；脫離了生與死，因為所有一切生出來的必然會老化、生病及死亡。

當你清楚地看到這個真理時，這顆心將會是空的，不抓取任何事物，甚至根本不會認定自己就是心或任何東西。換句話說，它不再執取自己為任何類的任何物。所有那些留下來的，不外是法的一種純然狀態。

完全清楚地看到這種純然狀態的人，必然不會對生命重複不已的苦有幻想著迷。當他們徹底認識這個世界及法的真相時，將清楚地，就在現前當下，看到所有痛苦的另一邊有某種東西存在著。他們不必詢問任何人，或從其他人那兒得到信心就能知道。因為法是個人性的，一定要自己親自去認識。凡是從自己身上見到這個真理的人，將會永遠見證它。

靜坐一小時

針對從來沒有坐下來禪修的人，下面是應當怎麼修的說明：將腿盤起來，一條腿置於另一條腿上，注意不要壓到神經或血脈，否則會阻塞腿部的氣流，導致疼痛。坐直坐正，將手相疊置於腿上，頭抬起來並保持背部挺直，就好像沿著脊椎有一把尺似的。你必須時時注意保持背部挺直，知道吧。不要花時間在懶散地低頭垂肩，然後又再振作地抬頭挺胸，否則心將無法安定下來。

讓身體保持挺直並牢固你的覺知力，堅定地與呼吸在一起，不管你的呼吸是多麼地粗重或微細，只要自然地吸氣就好。不需要壓制呼吸或繃緊你的身體，唯有這樣，心才會開始安定。一旦呼吸自然地微細下來，那麼心便已經安定了，將注意力集中在心本身。如果心跑到別處，或是各種念頭闖進來，只要把覺知力完全集中在心上面，在整整一小時裡，在每一個呼吸的進出之間，就在心上面認識心。

把呼吸當作一條繩索，將心好好地栓住，這樣心就不會跑掉了。你必須運用耐心，也就是說，必須忍住疼痛。譬如說，因為你從來沒有坐過這麼長的時間，所以當你坐了好長一段時間後，就會有疼痛的感覺出現。因此，首先你要確實地把心調整得正常，而且不偏不倚，當疼痛生起時，不要專注在上面，儘可能地將它放下，並專注在你的心。對於從來沒有做過這種事的人，要做到這一點，恐怕需要一段時間。當疼痛或任何東西生起時，如果心被貪欲或瞋恚影響的話，它會掙扎，因為心不要疼痛，只要快樂。

在這裡，你必須有耐心並忍住疼痛，因為疼痛是必然會生起的東西。如果快樂生起，不要因此被迷住；如果疼痛生起，不要排斥它。起步時要讓心保持中正，不偏不倚，那是你的基本立足處。任何時候當快樂或疼痛生起時，不要變得開心或沮喪，讓心持續保持在中立狀態，然後想辦法放下。如果痛得很厲害，首先應該忍受，然後放鬆你的執著。不要把疼痛視為我的疼痛，讓它成為身體的疼痛，大自然的疼痛。

如果心緊抓住任何東西不放，就是真正在受苦，就會掙扎反抗，這時候，我們必須耐心地忍受並放下。你必須練習，這樣才是真正地善於處理疼痛。如果你能夠放下身體上的疼痛，也就能夠放下其他種類的苦及痛了。持續觀察疼痛，認識它，然後放下。只有在初開始的時候需要很大的耐力，一旦你能夠放下，就不需要很大的耐力了。一旦疼痛生起，把心跟它分開，讓它只是身體的疼痛，而不要讓心也疼痛起來。

這一個修法需要平等心，如果你能保持平等心去面對快樂或痛苦，就能讓心平靜下來——雖然疼痛依然存在。心要不斷地去認識並忍受疼痛，才能將疼痛放下。

當你練習一陣子之後，就會明白心的態度是多麼地重要了。心或許很難調伏，不過仍要繼續努力調伏它。如果你有時間，可以在家裡、在晚上或清晨的時候修煉。持續地看著心，你將得到從覺照與覺知所產生的體會。那些不這樣訓練自己的人，走完了人生的生、老、病、死這一遭，對於心仍一無所知。

如果認識自己的心，在面對嚴重的疾病時，心的覺知力會幫助你減輕痛苦。不過，這是一件必須全力以赴的事，並不容易。然而一旦心被成功地訓練好，就沒有什麼可以跟它比擬的了。心能夠停止疼痛與苦迫而不煩躁；心是寂靜的、冷靜的，就在當下，心是精神飽滿又健康愉快的。所以，去嘗試經驗一下這顆寂靜、安詳的心吧！

這是一個應當要培養的重要技能，可以削弱貪婪、煩惱及執著。每個人都有煩惱，你明白吧！貪欲、瞋恚和愚痴把我們的心覆蓋住了，如果我們還沒有在禪修上訓練自己，心便會不斷地在痛苦與逼迫中焚燒。連我們對外在事物所感受到的快樂，也不是真正的快樂，因為痛苦與逼迫就含藏在將這些判定為令人快樂的愚痴當中。至於從修行中所產生的快樂，是清涼的喜悅，放開了一切事，從任何「我及我的」感受中真正地解脫。我勸你們去觸摸這個法，在覺知的內涵裡，它是真正的重點所在，不受煩惱擾亂，更不受痛苦或其他事物擾亂。

就算身體有疼痛，你必須想法子放下。這個身體不過就是四個元素所組成：地、水、風、火，不斷地展現無常與苦的特質，因此讓注意力保持中正，不偏不倚，放在平等心上，讓心超越它的感受，超越樂受，超越苦受，超越一切……。

這一切真正需要的只是耐心而已——耐心與出離心，放下事物，看待它不是我們，不是我們的。你必須努力修煉並做到這一點，要不斷地練習。當我說你必須忍耐時，意思是你真的必須忍耐，而不要心甘情願地投降。貪欲會不斷地生起並低聲細語著，告訴你要改變各種事物，要追求這種或那種喜悅；可是不要聽從它。你必須聽從佛陀，他告訴你要捨棄貪欲，否則貪欲會塗抹及彩繪事物，心就會掙扎反抗，便無法安定下來。所以你必須全力以赴，看待這一個小時為特別的一個小時，而特別的地方在於你正使出特別的耐力，以持續看住自己的心靈。

生命的基本秩序

對一個修習佛法的人來說，日常生活中最重要的便是持守戒法，並且要做到照顧戒法甚過自己的生命，把戒持守得連聖人都讚歎的程度。如果你對戒法沒有這樣的關注，那麼與戒法相違的各類惡行將成為你的日常習慣。

那些視犯戒為微不足道且無關緊要的禪修者，糟蹋了他們全部的修行。如果你連這些基本、佛法的入門層次都不修的話，會破壞你在後期階段所要努力培養的一切品德。這便是為什麼必須忠誠於戒法，視為你的根基，並且監督自己的行為，看看有沒有任何不符合標準的地方。唯有這樣，你才能夠從以愈來愈高的準確度驅除各種痛苦為目標的修行中得到利益。

如果你只依從自我膨漲這個不怕煩惱之火煎燒的東西所衍生出來的貪婪及欲求行動的話，在今生乃至來生，必然會受到痛苦的折磨。如果你沒有良知，即動念要造作劣行時的慚愧心，以及所引生結果的恐怖心，修行將會逐漸衰退。

當人們沒有秩序地過著日子時，甚至沒有從戒法中獲得秩序，根本不可能得到清淨。我們必須檢核自己：現在的思想、言語及行為，哪方面正在犯戒呢？如果我們就讓事情過去，而不刻意檢核自己看到犯戒所帶來的害處，卻跟從於煩惱，我們的修行就只會愈來愈沉淪。不要說熄滅煩惱與痛苦，甚至只會屈服於貪婪的威力。如果真的這樣，會造成什麼傷害呢？心失去了多少自由呢？我們必須自己學習這些東西。若是我們能做到，那麼在更有價值的事情上，自我檢核的修煉就會得到扎實的成果，也不會踏上毫無意義的歧途。為了這個理由，每當我們表現出貪欲或煩惱的行為，必須逮住它，同時檢查自己的心，看看它究竟在搞什麼名堂。

一旦我們以真正的覺照與覺知來觀察時，將看到各種煩惱的毒害與威力，我們會感到厭惡，想竭盡所能地熄滅它們。可是如果我們用煩惱來檢核事情，它們會說一切平安無事。同樣的情形也發生在當我們喜愛某個人的時候。就算是他做了錯事，我們還是會說他是對的。煩惱的模樣就是如此，會說我們做的每件事都是對的，並將所有的錯都怪罪到其他人或其他事物上。所以，我們不能夠信任這種「自我」感，因為貪欲及煩惱會讓這種自我感駕凌在心靈之上，所以是完全不能信任的。

煩惱的暴戾或我見，就像森林或屋子裡的大火一樣，不聽命於任何人，只是一味地燃燒著，把你的心都燒掉了。還不僅是這樣而已，它總是到外頭去，在別人身上縱火。

痛苦與煩惱的火焰，把不思維觀察或沒有方法將之熄滅的人吞噬掉。這一類人無法堪忍煩惱的威力，只要貪欲領頭，就不得不追隨於後。一旦他們被挑釁時，就跟隨著這一類東西而去了。這便是為什麼當被煩惱激起來的時候，心中的感受非常重要，因為煩惱帶著你去做令人羞恥的事，甚至不畏懼造惡的後果，這表示你鐵定要犯戒了。

一旦你跟隨著煩惱走，就趁了煩惱的意了，就像縱火犯放火燒別人的房子時，會感到極度快樂一樣。一旦你用某個惡名呼叫某人，或散播一些惡意的閒話，這正是煩惱和自我最歡喜的事，因為像這樣與煩惱一起行動，給了煩惱真正的滿足感。結果，又不斷地給自己填塞與戒法相違的罪行，甚至這一生已墮入地獄了都還不自知。因此，好好地檢視煩惱加諸在身上的暴戾，看看是否應該繼續和它們打交道，應該視煩惱為朋友還是敵人。

一旦任何錯誤的看法與念頭自心中生起時，我們必須去分析，並反過身來捕捉內心的實際影像。不論煩惱提出什麼問題，總是專門挑剔別人的毛病，因此我們必須反過來向內觀察。當我們認識到自己的毛病，同時恢復正常的心態，那麼我們在這裡所研讀和修煉的佛法，便顯現出真正的效果了。

持續修煉

思維四種資身物（衣服、飲食、臥具與醫藥）的經文，是觀修上的一種巧妙模式，可是我們從來沒有真正地拿來用。我們被教導去背誦，不只是為了消磨時間，或是可以不時地談論，而是我們可以思維觀察這四種資身之物，真正以覺照與覺知來認識。如果我們真正著手依據已建立好的模式來思維和觀察，心就比較不會受到沒有智慧的念頭所影響。可惜，只有少數人真正把思維和觀察當作一種持續的修行。大多數人對它並不感興趣，我們不喜歡思維和觀察這類事情，而寧願思維這種或那種食物可不可口；如果不可口的話，應當怎麼處理才能變得好吃。我們只喜歡思維諸如此類的事情。

試著去觀察食物的不清淨及一般的物質屬性，體察食物空無實體或自體的性質。在身體的物質屬性中，沒有任何實質的東西，有的純是腐壞臭敗之物。身體就像座落於化糞池上的廁所，我們將外面裝點得漂亮迷人，可是裡面卻盡是最可怕、最污穢的東西。任何時候當我們排出任何東西，都會感到噁心，儘管如此，它還是存在我們體內，在我們的腸子裡——腐壞，充滿了細菌，氣味難聞。即使僅只有一層薄膜覆蓋著，我們仍愛上它，緊緊地抓著，儘管散發出污穢與臭味，我們還是沒有看到身體不斷地腐敗這一點。

我們之所以被教導要去背誦這些有關資身物的思維，並運用到觀修上，目的是讓我們去看到身體的無常相貌。我們看到身體中的任何一個部分、乃至每一個時刻的心理活動，根本就沒有「我」的存在。

觀察心理的活動現象，清楚地看到這並不是我，同時每一時刻都要如此覺察。這顆心的剎那，即心理感受的生起，持續，然後消滅，非常地微細與迅速。要觀察到這些，心必須安靜下來。如果心捲入分神的事、各種念頭或幻想，我們就不能透視它，無法看到心在處理它的所緣境時的特性，或心所生起及消滅的究竟是什麼樣子。

這就是為什麼我們必須修習專注：為了讓心安靜下來，給自己的思維奠定一個基石。譬如說，你可以專注在呼吸上，或是在專注於呼吸的同時去覺知這顆心。事實上，當專注於呼吸時，也同時覺知了這顆心。再說，心其實就是那個在覺察呼吸的東西，所以你一心專注地在呼吸及心上面，不要想任何其他事情，心就會安定下來並靜止。一旦達到這個程度，就是該開始觀察的時候了。

讓心靜止，你才能夠思維觀察，這是一件起步時必須不斷練習的事。同樣的，要訓練自己在全部的活動中保持覺照及完全的覺知。你必須在這方面不間斷地努力，利用任何時間來修煉。同時，你必須把生活的外在一切安排妥當，這樣一來就不會有任何罣礙能讓你分神了。

不過，當然啦，修行是一件你可以在任何情況下做的事，譬如說，下班回到家時，你可以坐下來禪修片刻；可是當你刻意地想持續修行，並培養成一種習慣，就會困難得多了。「將它變成習慣」，指的是在呼吸的每一個進出，在所前往的任何地方，所做的任何事情，不論你是否健康或生病、乃至其他狀況，不管內在或外在發生什麼事情，都必須保持完全地覺照與覺知。心必須保持在一種全方位的覺知狀態，同時注意著任何時候心理活動的生起與消滅。在你開始修道前，心在貪欲及煩惱的威力下，正如以往固有的習慣那樣，會生起各式各樣的念頭，你要一直修煉到可以制止住這顆心為止。

呼吸的每一個進出

試著把覺知保持在呼吸上，看看這顆寂靜的心是什麼樣子。這個非常簡單，所有的規則都已經明擺著，可是當你真正想試著做時，就有某個東西在反抗。這真的很不容易啊！可是當你讓心想著一百零八件或一千零九件事情時，會發現非常容易，一點也不困難。試試看，你是否能夠把心安住在呼吸上，就像它一向安住在煩惱上一樣。

試著把心安住在呼吸上，看看會發生什麼事，你是否能在呼吸的每一個進出中疏散煩惱。為什麼這顆心可以整天跟煩惱在一起，跑了一整天卻完全不知道呼吸究竟是多麼地粗重或細微呢？

因此，去試試並保持覺察。這個明亮的、清楚的覺知力，能由不斷地專注於心上而產生：偶爾某個強烈的感官觸動產生，輕而易舉地就能讓覺知力變得模糊並削弱下來。可是如果你抓住呼吸，保持這個標準，心的狀態就會愈來愈穩定、肯定及更有信心。心的周圍有兩道籬笆：覺照伴同呼吸。如果只有一道籬笆，很容易就會被擊敗。

採取一種立場

通常心不願意停下來觀察、認識自己，這便是為什麼我們必須不斷地訓練，好讓心從不平靜中安定並漸漸靜止。讓你的各種欲求及思緒安定下來，讓心以中正不倚的狀態作為立場，沒有喜愛或不喜愛任何事物。為了要達到一種空而自在的基層，首先你必須採取一種立場。如果你沒有一個立場去評量事物，進步就會非常困難。如果你的修行是漫無目的的，即這兒修一點，那兒修一點，將不會得到任何成果。所以，首先這顆心必須採取一種立場。

當你採取心應該要能維持在中正不倚的立場時，不要讓心跑到未來去，要讓心處在現在的立場上去認識自己：「現在心正處於中正不倚的狀態，還沒有生起喜愛或厭惡的感覺，沒有製造任何問題，並未受到欲求這個或那個所干擾。」

然後檢視一下心的基礎，看看是不是正常而且是空的。如果你真正地向內觀察和覺知，那麼這個正在觀照與覺知的，便是覺照與覺知本身及所觀察的對象。來吧！為自己而尋找，你不需要前往任何地方去尋找任何東西，只要停下來觀察心是否處於中正不倚的立場，如果心是正常的，你會立刻知道；如果不是，你也會立刻知道。

一定要讓這個覺知力維持下去，如果你能不間斷地認知的話，心就能夠不間斷地維持立場。一旦你生起某個念頭想去驗證事物的真實性，要即刻停住並觀察，不必去任何其他地方尋求知識。你觀察、認識，就在心上面。你可以判斷心是不是空的及靜止的，一旦你發現它是的，便探索是怎麼樣的空法和怎麼樣的靜止法。並不是心一旦是空的及靜止的，事情就了結了。事情並非如此！你必須持續觀察，一直探索。唯有這樣，你才會看到變化，即生起與消滅正發生於那個空，那個靜止，那個中正不倚的狀態中。

疼痛的眞相

保持對心不間斷的監察，是一種學習生命目的何在的方法，也是一種學習應當怎麼做才能解除痛苦與逼迫的方法，因為由煩惱、執著及貪婪所生的痛苦，肯定展現在很多不同的形式上。如果不透過覺照與覺知來了解痛苦與逼迫，便會盲目地生活，被不同的事情牽著鼻子走。覺照與覺知是個工具，用來認識及測驗自己，不讓我們變得粗心或自滿，而忽視了痛苦基本上是生命的真相這個事實。

一旦明白這一點，就不會懵懂地過生活了。那些充斥於身體與心靈的痛苦和不滿，全都為我們顯示了自身中無常、苦與無我的真理。如果觀察內在所發生的事情，一直追究到細節為止，會看到內部與外部所顯現的真理，都歸結於無常、苦與無我。可是這個愚痴、身為我們本性的基石，會看錯每件事情，把它視為恆常、安樂及自我，因而讓我們盲目地生活著，即使不確定生命還能夠維持多久。

我們的夢想與愚痴，令我們忘記自己生活在一團痛苦與壓迫的迷霧中，由各種煩惱的逼迫和生的苦痛所組成。生、老、病、死，在無常與變化中，都是痛苦與逼迫性的。我們無法操控這些事情，因為它們依著業力，以及我們一直累積的煩惱而循環不已。因此，在生死輪迴中漂浮的生命，只有痛苦與逼迫罷了。

如果可以找到培養覺照力與覺知力的方法，就可以切斷生死輪迴，也就不必一直流浪下去了。覺照與覺知將幫助我們體認到生是痛苦的，老是痛苦的，病是痛苦的，死亡是痛苦的，以及這些全都是煩惱、執著與貪婪在變化無常的輪迴中所不斷追求的東西。

只要有機會，我們應當探索身與心之內所顯現的真相，這樣一來，將會認識到祛除逼迫、痛苦和煩惱，是修煉佛法的一種功能。如果不修煉佛法，便將繼續在生死輪迴中漂浮，這是多麼沉悶而可悲地重複啊！重複於生、老、病、死，被煩惱、執著及貪婪所驅使，讓我們不斷地在逼迫與痛苦中輪迴。大多數有情眾生不知道自己的逼迫與痛苦是從哪兒來的，因為他們從來沒有探究、思維過這些，所以停留在愚昧與迷惑的狀態中，不斷地流浪，無有止期。

如果我們能夠停住並且靜止下來，心就有可能解脫束縛，去思維觀察它的苦痛，進而放下。這樣做會給心帶來一點平靜，因為心在生死輪迴中已不再企求任何事物了，它看到這裡面沒有任何東西是永恆的，只不過是逼迫的不斷循環罷了。你所抓取的任何東西都是苦迫，這就是需要覺照與覺知的理由，這樣你就能夠管理這顆心，將心保持平靜，不落入誘惑的傷害。

這種修行的重要性最高，不學習或修煉佛法的人，浪費了他們得到人身的生命：

出生時迷迷糊糊，而又不過是耽溺在迷糊中罷了。可是如果研讀佛法，會更有智慧地看待痛苦，同時認識修行之道以得到解脫。

一旦走上正途，煩惱就不能拉著我們團團轉並且焚燒我們，因為我們開始燒毀煩惱了。我們會明白愈能夠燒毀煩惱，就會得到更大的心力。如果我們被煩惱焚毀，心的力量就會逐漸衰竭，這就是我們必須非常謹慎的原因。在每一個活動中把煩惱燒毀，覺照與覺知將變得更強，就能夠勇敢地處理所有的苦痛了。

你必須看清楚這個世間不外乎是苦痛罷了，其中完全沒有真正的安樂。我們從覺照與覺知而得的智慧，將使我們不再著迷於世界的生命，因為智慧會如其本然地看清事實，不論是身內或是身外。

這個世間不過是迷幻的、痛苦的。不了解佛法的人就不會修煉佛法，不論他們的身分地位如何，都過著迷惑與盲目的生活。當他們生病或即將去世時，必然會有很大的苦惱，因為他們沒有花時間去認識日常生活中焚燒他們心靈的各種煩惱。如果我們不斷地研讀並思維，同時將修煉佛法視為每天的活動，將會幫助我們從各種苦痛與沮喪中解脫。當我們看清這一點，豈有不想修煉的呢？

不過，只有聰明的人才能夠堅持修煉，愚痴的人則根本不想找麻煩，寧願依隨著煩惱，也不願意燒毀它們。為了修煉佛法，必須具有某種程度的智慧，足以看清至少痛苦與逼迫的一部分是由煩惱所衍生的。唯有到了這個程度，修行才能進步，而且不論修行變得多麼艱難，也必須堅持下去直到達到目的為止。

這種修煉並不是偶爾修一修的那種，曉得吧？你必須在一生當中努力持續不間斷地修煉，縱使牽涉到許多身體上的疼痛與心理上的苦惱，甚至於淚水洗刷著你的臉頰，也必須堅守聖道的生活，因為你是玩真的。如果你不依著聖道的生活，將陷於痛苦與各種火焰中。所以，你必須從痛苦中學到教訓。試著思維觀察，直到你了解並能夠放下為止，那麼你就得到生命最大的酬報之一了。

不要認為你是出生來得到這一層面或那一層面的舒適；你的出生是去研讀痛苦以及痛苦的原因，並依著修行之道把自己從痛苦中解放出來。這是生命中最重要的一件事，其餘的都微不足道。所有重要的事都由修道來決定。

不要以為煩惱很容易就消失了，當煩惱不以喧囂的方式出現時，就以委婉的方式出場，而委婉方式的危險是很難看出來的。如果想要祛除煩惱，你的思維觀察應該也要變得微細才行。你會逐漸明白如何修行佛法。在修煉中思維觀察內在的細目，猶如將工具磨利，準備當逼迫與痛苦生起時，能夠加以削弱並斷除。如果你的覺照與覺知很堅定，煩惱就會成為手下敗將；可是如果你不能把覺照與覺知訓練得很堅定，那麼煩惱就會把你輾成碎片。

我們生下來就是要跟煩惱戰鬥，並強化覺照與覺知。如果我們在日常生活中與煩惱、貪欲和誘惑所引生的逼迫及痛苦持續不斷地戰鬥，那麼修行的價值將會增長，因為這麼做，煩惱會變得薄弱，而覺照與覺知卻會變得堅強。我們會察覺到心不像以往那麼困擾與不安，反而變得祥和與平靜。煩惱、執著與貪婪的壓迫變弱了，雖然我們還沒有完全把這些東西掃除淨盡，但它們仍持續地變弱，因為我們不再飼養和庇護它們了，同時我們持續地做自己所能做的以削弱煩惱、執著和貪婪，讓它們一直虛弱下去。

用心去覺知痛苦

在思維觀察逼迫與痛苦時，必須無所畏懼，因為當我們沒有感受到太多痛苦時，往往就會放逸。可是當身與心的疼痛與苦迫變得劇烈如刺一般時，就必須運用覺照與覺知才能堅強起來。不要讓你的心軟弱下來，唯有這樣才能夠祛除苦痛。

我們必須從痛苦中學習到自己的功課，這樣一來，心最終將變得一無痛苦，而非老是處於軟弱與落敗的境地。我們必須勇敢地作戰，直到最後一刻──當我們達到可以放下的階段。在這個身與心合成體中，痛苦始終存在。痛苦存在這兒，為的是讓我們在每一個時刻去觀察它。如果我們思維觀察痛苦，直到認識了痛苦的全部細節，就可以將痛苦變成我們的運動，去觀察痛苦為一種自然的演變，而不是我們的痛苦。這是一個我們必須去探究才能得到細節的東西：它不是我們的痛苦，它是各種蘊集的痛苦（色身、感受、分別想、心行心思，以及具覺知性的神識）。從這個角度去認識，表示我們能夠把物質的屬性與心的屬性分開，去看到它們如何互動，如何變化。這真的很有趣，觀察疼痛竟能夠增長那麼多的覺照與覺知！

可是如果你專注於喜樂與安逸，就只不過像一般人一樣耽溺在迷糊的狀態，被自己看到或聽到的可愛之物所產生的喜樂所帶走：當痛苦來臨時，淚水就沿著臉頰流下，心想真是受到好多的苦啊！到了必須跟所愛的人分離時，情況就更糟了。而有修煉佛法的人就不必這樣糊塗了，因為我們在每一時刻觀察除了苦的生起，持續與消滅之外沒有任何東西存在。除了苦之外，沒有東西生起；除了苦之外，沒有東西消滅。苦存在於那兒，讓我們在每一時刻去認識，如果去思維觀察，將會看到。

所以不能放任自己迷迷糊糊的，這便是真理的內含所指，我們必須探究，才能認清苦，尤其當我們正在修煉的時候。我們必須時時刻刻思維觀察苦，好看清苦的每一個形貌。阿羅漢們不生活於盲目之中，因為他們時時刻刻了解真理，他們的心是清淨純潔的。而有煩惱的我們，必須不斷地努力，因為如果能夠不間斷地以覺照與覺知督導我們的心，便可以防止煩惱製造混亂並進一步遮蔽此心。就算心確實被遮蔽了一部分，我們也能夠袪除這個遮蓋，使心空無一物且解脫自在。

就是這個修行，削弱了心內所有的煩惱、執著與貪婪。透過修煉佛法，生活會更自在。因此我要求你們要不斷地努力修行，不要落入安逸自滿。如果在所剩不管多長的生命裡，能夠不斷努力地盡自己的全力，將會得到覺照與覺知以觀察內在的真相，於是你便能放下，完全沒有任何自我的想法，一直不斷地持續下去。

就在覺知上覺知

這顆心，如果覺照與覺知正盯著它看，就不會碰到任何心的行為所導致的痛苦；如果痛苦當真生起，我們能夠即刻覺知並熄滅。這方面的修行必須經過不斷地修煉，然後我們可以測試一下，看看自己全面性的覺知能夠變得多精細與微密。任何時候當心溜走、跑到外面去領受外來感官的碰觸時，能不能守住基本的覺照立場或向內的覺知呢？我們在日常生活中必須努力修煉的，就是培養不間斷的覺照和不間斷執勤的全面性覺知。在每一個姿勢中修煉這種工夫，不論是坐著、站著、走著及躺著，都要確保覺照維持在不間斷的狀態。

生活在這個世界，五種蘊集的心理與生理的現象，給了我們很多機會去思維觀察。因為我們在身與心上所必須學習、解讀的真理，每一時刻都存在於此，我們必須試著去看，去思維，才能了解。不必捲入不相干的事物上，所需要的東西已經都在身與心之內了，只要能夠保持心時時刻刻地覺知，就能夠思維觀察到。

如果你思維觀察身與心的活動，在此時此地是如何地生起、然後消滅，而不捲入外在的事物，譬如形相與眼睛接觸，或聲音與耳朵接觸，就不會有太多的問題。這顆心可以保持在正常、平衡的狀態，平靜且不為煩惱或感官的壓力所干擾，能夠照顧自己並保持平衡。如果你覺悟到自己正在覺知著覺知本身，不捲入外在事物，譬如心中的言語及念頭，那麼心會看到事物是如何不斷地生起及消滅，但卻不捲進任何事物之中。心將是不黏著的、空的與自在的；可是如果心跑到外面給事物貼上各種標籤：善或惡的，「我」或「我的」，或執著於任何事物，就會變得不安且擾亂不寧。

你必須知道心是不是可以平靜下來，完全而且當下地覺知，能夠在每一個活動中思維觀察，那麼洶湧澎湃的痛苦與逼迫就會消融而逝。就算痛苦與逼迫開始形成，你也能夠警覺到並立刻驅散。一旦你真的看到這種事發生，即使僅在開始的階段，就能夠驅散心中許多的迷惑與焦慮。換句話說，不要讓自己沉浸在過去或是想抓取關於未來的念頭；至於現在事件的生起及消滅，則不需理會。不論你的工作是什麼，只要做應該做的，心就不會高亢興奮起來了。就某個程度說，心將會變成空的且是寂靜的。

這是一件必須謹慎的事。你必須檢視自己覺照與覺知是不是不斷地在變化，身與心活動現象的生起與消滅，真相始終都在你的觀察下，一直被你所認知著。如果觀察身體，會明白身體只不過是各種物質的屬性；如果觀察感受，會明白感受是變化無常的：是樂受，是苦受，是不苦不樂受。看到這些現象，就是看到內在的真理。不要讓自己捲入外在的業務中，只要不斷地看著就好。如果你的覺知是能讓你正確地觀察自己的那一種，心將能夠維持在中正不倚、平衡與寂靜的狀態，沒有任何抗拒。

如果心能跟自己在一起，不跑到外面去批評或執著，就能夠維持在自然平靜的狀態，這就是我們在每個活動中必須努力修煉的事。儘量不要多作無謂的閒談，就不會有太多問題。只須不斷地盯著心看，當你持續以不間斷的觀照來端看時，各個感官就會收斂下來。

以這種方式來覺照，是我們應該努力修煉的。試試看，你是否能夠不間斷地保持覺知呢？有哪些事還會讓這顆心投入呢？會想出哪類好與壞、我與我的念頭或名字符號呢？然後觀察這些東西是不是生起、然後就消滅了？

外來的觸與內部的觸所產生的感覺，有著相同的特性，你必須不斷地觀察，直到看到這一點為止。如果你知道怎麼觀察，將能夠看到，心就會逐漸安靜下來。

所以，我們能夠在更深的層次上修煉，不會有太大問題，任何事都不必做，不需在任何東西上貼標籤，也不必想太多，只須仔細地觀察和思維，你將有希望在這一生中安靜下來並住在平靜中，深刻地認識自己。你將會明白佛法是多麼地美妙，就在當下自己的心裡。不要到外面去尋找佛法，因為佛法就存在你的內心。佛法平靜地存在於內部，只不過我們必須思維和觀察，才能夠覺知到細微的、深沉的那部分。如果你只在表層上觀察，將無法了解到什麼。就算心能夠中正不倚，所覺知到的也只是普通的層面而已。

你必須思維和觀察，才能善巧地保持著覺知。「善巧」這個詞無法用言語說明，可是當你看到心中的覺知變得很特別，明白這個特別的覺知是個什麼景觀時，自己就會知道。這是只有自己才會知道的事。

這實在沒什麼特別，只不過是生起，持續，消滅。不斷地觀察，直到這個現象變得真正的、實在的清晰為止，於是一切物都消失了。所有的假設，所有世俗的造作，所有那些蘊集及屬性都被掃蕩清除，除了純淨不雜的覺知之外，一無所存，完全不捲入任何事。任何事都不必做，只需保持平靜並觀察著，覺知著，在每一剎那中放下。

單單這一點，就足以袪除所有煩惱、痛苦與逼迫。如果你不知道如何觀察自己的心，心必然會煩擾不安，就會在各種事物上貼標籤，並且構思各種念頭。只要在感官上有所碰觸，心就會去尋找東西攀緣，不論喜愛或不喜愛現在所碰到的境物，然後捲到過去及未來，織出了一張網來繫縛自己。

別讓心捲入紛擾不安之中

如果你真正看住當下的每一剎那，會發現根本什麼都不存在。在心的每個剎那中，你會看到事物消滅，消滅，消滅——真的一無所存！生理元素依著自己物質元素的特質履行義務，心理元素依著自己的工作不斷地感覺領受，可是我們的愚痴跑去尋找事情來編造、貼標籤、思索、執著，然後陷入焦慮與困惑中。這一點便是我們應該看到的全部，是必須解決的唯一問題。如果事物只留存住純淨不雜的本性，就沒有「我們」，沒有「他們」了。這是我們必須認識並了解的唯一真理。沒有任何事物可以跟此真理較量，一旦你理解了，也就熄滅了所有的痛苦與逼迫。這顆心將會是空的、自在的，不賦予事物任何意義，不產生執著。

這便是向內觀察這麼特別的原因。不論什麼事物生起，只要停下來並觀察，不要被它所激動。當任何特別的直覺生起時，如果因此興奮起來，將撩撥這顆心捲入困惑與焦慮中。如果擔心害怕這個或那個將要發生，也會把你捲入困惑與焦慮中。所以你必須停下來觀察和認識。第一件事只是去觀察，去認識。記住，不要執著你所知道的，因為不論是什麼，都只是一種生起並消滅的現象，而生起與消滅的變化，就是它本性的一部分。

因此你的覺知就只在心上。在心上觀察心，要採取一種堅定的立場。在開始的階段，必須知道心正穩定地立著，不會受到感官所接觸到的事物所影響。持續努力保持這個立場並且穩住。如果你在這件事上得到了某種經驗，要真正地認識並了解，那麼覺照會變得更堅固。如果任何事以任何方式生起，要能夠放下，於是心中所有的麻煩與困擾都將消融。

如果覺照退失，這顆心跑到外面，在各種事情上賦予意義，執著於事物，麻煩就會生起。所以，你每一時刻都必須檢驗這一點，除此之外，沒有任何東西是值得檢驗的。你必須持續地檢視這顆心，在心上檢視這顆心，在心上思維並觀察這顆心。或者你可以思維並觀察這個身體、各種感受，或生起與消滅的現象，也就是法，同時在該物上觀察該物。所有這些事情，都是可以在自己內部追蹤到的要點。你不必追蹤太多要點，否則你會修煉這一個，然後修煉那一個，之後還要再作比較，這樣會令你不安與分神，是造成心無法平靜的障礙。

如果你可以在覺知上奠定好立場，很善巧地觀察，心就能平靜下來，你就會知道事物是如何地生起與消滅。首先，訓練自己把覺知力放在內部，好令覺照力維持穩固，不受感官所影響，同時不要把事物貼上好或壞、可愛或不可愛的標籤。你必須不斷地檢查，看看什麼時候心才能以正常、中立不倚、中性為主要立場，之後，不論看到或認識到什麼，心都能思維觀察並放下。

在心中的感受上，我們花了那麼長時間說明的，便是標籤的層面。唯有當覺知就在覺知上的時候，你才真正知道這顆覺知到覺知的心，不會把所覺知的放到覺知之外。這兒沒有問題。當心以這種方式認知的時候，它不會編造任何事。換句話說，

一個駐於內在的解縛式的認知，所有向外的認知都被驅逐。

你必須努力維持的一件事，便是將心保持在正常狀態——認知，觀察，以及保持在當下。如果你不能維持住心，不繼續照顧心，那麼當感官物出現時，心就會受到影響，帶著好與壞、喜歡或不喜歡的標籤，跑出去外面。所以，要確實地保持基本的覺知，那便是覺知自身。不要讓任何貼標籤的行為產生，不論什麼樣的感官物進來，你必須確保這樣的覺知應當先生起來。

如果以這種方法正確地訓練自己，每件事都會停住，不會透過視覺、聽覺或其他的而分心。心會停住並觀察，同時覺知自身，因此體認到一切事物生起然後消滅的真理。任何事都不是真實的，只有我們的愚痴才會執著於事物，賦予它們意義，又因它們而痛苦——痛苦於無知，痛苦於不認識五種蘊集：色身、感受、分別想、心行心思及具覺知性的神識，全都是無常的、逼迫的、沒有自性的。

運用覺照把自己的覺知集中在一起，心便不再紛擾不安或不斷地追逐事物了，將能夠停下來並保持寂靜狀態。然後心以這個方式去認知，在每一時刻、每個活動中，不間斷地觀察。努力看著並認識這顆心，在心上認識心，會切斷所有問題，你將不必再掛心。

當身體疼痛時，只要不斷地看著身上的感受，因為心正覺知著自己，所以能夠不斷地看著內部或外部的任何事情。或者，心只覺知到把外面的事情都放下的程度，也就是放下感官的接觸，只是持續不斷地在心上觀察這顆心。這時候，你會知道當心平靜下來時是個什麼樣子：它對任何東西都不賦予意義，是這顆心的空，完全不執著、不捲入、不牽掛任何事。

專注於剎那的消滅

「不執著」、「不捲入」、「不牽掛」這些字眼，是你必須仔細思考的字，它們所指出的，是微細與深刻的。「不捲入」指的是不捲入感官物，不被身體或感受所擾動。「不牽掛」指的是不憂慮過去、未來與現在。你必須思維並觀察這些東西，直到你很善巧地認識它們。雖然它們很微細，你仍必須仔細觀察，直到徹底體認為止。不要罣礙外在事物，這樣會使你不安、忙碌不已，讓你因為好與壞的念頭、標籤以及這類事而分神。因為這些事物不斷地在欺騙你，你必須止住它們，否則無法好好的修行。當某些事物成功地轉移了你的注意力，這會愚弄你，令你視它為對的、錯的、好的、壞的等等。

最終你必須回到這樣的覺知上，每件事只不過是生起，持續，然後消滅。確實地把注意力專注在消滅上。如果你只看著生起，會被帶離主題；可是如果你專注於消滅，就會看到空：每個東西在每個剎那消滅著。不論你觀察到或看到什麼，都只是一剎那間存在於那兒，之後就消滅了。然後再度生起，再度消滅。只是純粹地生起，認知，消滅。

讓我們看看這發生了什麼事——因為由感官所引起的生起與消滅，是由自身所產生，你不能防止，也無法強制。如果你不帶貪心地觀察並認識，這顆心就不會被喜悅或憂傷所導致的傷害所影響，心會停留在正常與中性的狀態。一旦你健忘並開始執著，把事情貼上一對一對的標籤：好與壞、快樂與悲傷、喜悅與不喜悅，心就會變得不平靜，不再是空的、靜止的。當這種情形發生時，你必須檢查並找出原因。

所有浮現在心上沒有意義的事都應該袪除，你會發現想說的、想談論的、想思考的，都變得愈來愈少，直到自然地停下來。可是如果你捲入很多事情之中，心將無法保持平靜。因此你必須持續地觀察事情。事情其實完全沒有價值，也沒有實質，看到它們是無自性的。持續反覆地觀察，因為你的覺察，伴隨著能認識真理的覺照與覺知，必須看到「這個不是我，這裡面根本沒有實質與價值，它只不過在這兒生起，停留一剎那，便消滅了」。

我們所要做的只是停下來清楚地觀察和認識，就能夠袪除許多的痛苦與逼迫。五蘊所帶來的正常壓力仍會產生，我們無法制止，可是我們會曉得那是一種自然的壓力，因此不會執著為我們的。

如果知道怎麼觀察，就持續地觀察事物本身的變化。不要執著事物為「你」或「你的」，盡己所能地把這種覺知穩定地專注在它的自身上，除此之外，沒有太多是你必須記住或思考的。

當你持續地觀察、認識，將會明白根本沒有發生什麼大不了的事，只不過是生起，持續，然後消滅。不必將任何事標註為好的或壞的。如果你就這樣觀察，心上就沒有沉重的壓力了；一旦你把自己扯進事情的好壞、自我或類似的事之中，那麼痛苦和煩惱就大規模地展開了，重重地壓在心上，讓心困惑擾亂不已。所以你必須停下來並觀察，真正地探究內心深處，就好像心被浮萍覆蓋著，當我們把浮萍撥到旁邊，會看到底下的水清如水晶。

當你向內觀察心的時候，必須把它推到一邊，停止思考，停止將事物貼上好或壞的標籤，停住一切。你不可以編排每一件事，只需持續地觀察和認識。當心安靜下來，你會看到裡面什麼都沒有，一切都是靜止的，都在內部停住了。一旦貼標籤的動作開始發作，縱使是在靜止當中，仍會啟動全部的事物。當事物動起來，如果你不知道如何立刻放開的話，問題就會如波浪般一波波地生起。當問題與浪潮生起後，撞擊著這顆心，心將持續失控地噴濺於每個事物上。心的噴濺包括貪婪以及煩惱，而愚癡，也就是無明煩惱，便是根源。

我們主要的障礙是分別蘊或標籤蘊，如果不清楚念頭的生起與滅去，這些標籤便會佔據並掌控一切。念頭是主要的挑撥者，它給事物貼上標籤，所以我們必須清楚念頭的生起與消滅，一旦我們了解這一點，念頭將不再引起痛苦。換句話說，念頭不會導致各種心行的產生，因為我們的心會察覺並將它們熄滅。

我們必須在分別的層面讓事物停住，否則心思會塑造問題，導致心以各式各樣的方式猶豫和躊躇。不過，這些都是我們可以停住並觀察的，我們可以在每一個心念中加以體認。

如果我們還沒有真正熟悉心中的生起與消滅，一旦任何念頭生起時便急著抓住，甚至它已經消滅了，可是因為我們並沒有真正地觀察，以致深深地陷入其中。

因此，我要求你們了解這個基本原理，不要四處抓取這個或那個，搞得自己全然不安。主要的重點在於內在：繼續向內觀察，繼續認識它，直到透視一切。這時候，心會從混亂中解脫，變得空、安靜、覺知。所以，繼續不斷地看著這顆心，你會達到一個地步，也就是再也沒有東西可說了，一切都將自動停下來，靜止住，因為潛在的條件——它已經停住並靜止——已經都在那兒了，只不過我們還沒有覺知到而已。

純然在當下

我們必須弄清楚當心與某個東西接觸、但沒有覺知到它的時候，是什麼樣的感覺，這樣便可以看到心如何黏著於事物：色身、感受、分別、心行心思，以及具覺知性的神識。我們必須自己探查並觀察，不能運用所背誦的教誡來捕捉這些，因為那根本無法使我們進步，我們可以憶念說「身體是無常的」，可是就算我們這麼說，仍沒有看到這個事實。

我們必須觀察身體究竟是怎樣地無常，如何在變化，接下來則專注於感受上的改變：喜悅的、痛苦的、中性的。同樣的方式也應用在分別、心行心思及其他，我們必須專注在上面，檢視、思維、觀察著，要能看到這些特質真正的樣貌。如果能看到這些東西，即使只是剎那間，也將帶來極大的好處——你將能夠抓住自己。你認為已經知道的，其實你根本不明白。這便是為什麼我們從修行上所獲得的知識，必須不斷地在很多層面上變化。這並非只停留在一個層面。

你可能知道現前事物的生起與消滅，可是如果你的思維和觀察不是持續的，就無法非常清楚。你必須知道如何單單思維、觀察生起與消滅的感受，就只是生起與消滅，沒有任何「好的」或「壞的」的標籤，只是單純地停在感受的生起與消滅。當你做到這一點，其他事物會闖進來，但不管它們如何地闖，都只不過是一件生起與消滅的事情，因此你能夠以這種方式在生起與消滅中穩住立場。

如果你開始給事物貼標籤，就會開始困惑。你所該做的事，是保持在正確的地方觀察：純粹只有感受的生起與消滅，確保你真的不間斷地觀察。不管是覺察到色相、聲音、氣味、滋味或觸受，只需注意著感受的生起與消滅。不要在色相、聲音、氣味、滋味或觸受上貼標籤。如果你可以持續以這種方式來觀察，便與純淨的當下同在，那麼就不會有問題了。

當持續以這種方式觀察時，你正持續地觀察無常和變化，如其真實所發生的那樣——因為乃至生起與消滅也都在變化著。所生起與消滅的，並非一直都是相同的東西。先是這一類的感受生起而後消滅，然後是那一類的生起而後消滅。如果你持續像這樣就只觀察生起與消滅，一定會得到智慧。可是如果你不斷地以標籤來觀察，「那是牛的叫聲」、「那是狗的吠聲」，就不是純粹在觀察聲音的感受，也非專注在感受的生起與消滅上。一旦有了貼標籤的動作，心思就跟著活動起來。你的觸覺、視覺、聽覺等器官會繼續它們單純的生起與消滅，可是你並不明白這個事實；相反的，你會在每件事物上貼標籤，如各式各樣的色相、聲音等等，於是便有執著、喜悅或不喜悅的感受產生，可是你不會明白這個真相。

真相自然地產生著，各式各樣的感受不斷地生起、然後消滅。如果我們就只是專注地覺知各式各樣的色相、音聲、氣味、滋味及觸覺的感受，將很快得到智慧。

如果我們知道如何以這種方式來觀察，當心被激情或貪婪所撩撥時，會很容易被察覺；尤其當心被憤怒激起時，更容易察覺到。至於愚癡，就更加細微了，這是一件必須用很高的興致細心去探究的事。你會看到各式各樣隱密的事情，了解這顆心是怎樣地被如此多層的薄膜所遮蓋。這真的非常有趣。可是，這才是修觀的目的：打開眼睛讓你能夠看見，你能夠摧毀自己的迷惑與無明。

認知的騙局

你必須找到方法去思維及探索，這樣你才能夠抓到，當覺知動搖時，它是如何蜂擁而出去認識事物的。要注意去逮住這個覺知，不管它的認知是對的還是錯的。不要把事物混在一起，而把錯誤的知識當成正確的，或正確的當成錯誤的。正確與錯誤的認知這個問題，對修行極為重要，因為這些事物會作弄你。

當你獲得些許智慧時，不要太興奮。你不該為了一個智慧而高興，因為這個智慧不消多久就變了，而且就在你眼前變化。它不會到別的時間或地方才變，而是當下就在改變。你必須知道如何觀察，令自己熟悉知識的騙局。就算是正確的知識，也不能執著。

雖然你的修行裡，可能有判斷哪一類知識是正確的標準，但不要執著正確的知識，因為這些是無常的，它們有可能會變成錯誤的知識，或變成更正確的知識。你必須非常細心地思維、觀察，就不會因為自己的知識而絆倒，認為「我已經獲得正見；我比其他人知道得更清楚」，而覺得自己特別突出。你一旦認定自己為什麼的時候，認知立刻就變成錯誤的了。就算你沒有讓事情顯現在外表上，單單心為自己貼上標籤這樣的心理活動，即是錯誤認識的一種，欺詐地矇蔽了這顆心。

這就是為什麼不思維，不在知識的每一形式中抓到好與壞、對與錯的騙局的禪修者，會有停滯不前的狀況。知識誤使他們產生這樣的想法：「我所知道的都是對的。」於是生起頑強的高傲與自負而不自覺。

煩惱總是在不自覺中轉化成行動，是有害的。而煩惱與各種煩惱漏就存在我們的性格中，以欺詐的方式不斷地轉變為行動。我們的修行，基本上便是向內心深處探索，從心的外層到內層。這是一種需要很高精密度與準確度的方法，心必須運用自己的覺照與覺知從自身中挖出一切，只剩下這顆心放在心上觀察其心，在身上觀察其身，而且持續不斷地觀察。

修行道上最重要的挑戰，便是這一點，沒有其他的了：如何向內觀察，才能讓你清楚地看透。如果心沒有受過向內觀察的訓練，就習慣於向外看，只等待接收外來的東西，所得到的是感受進進出出的困擾。雖然這個困擾是變化與無常的一個層面，然而我們卻並不這麼理解；相反的，我們視它為問題，好的與壞的，與自我有關。這樣判定之後，我們回到了原點，不明白究竟什麼是什麼。這就是為什麼這顆心的感受，當心不認識自己時，是那麼地詭譎，難以察覺。如果你試著藉由閱讀去認識它們，會落得堆積更多煩惱在心上。

因此當你轉而向內觀察時，不應該用概念及標籤來幫助你觀察。如果這樣做，那麼除了各式各樣的概念生起、變化並消滅外，完全沒有別的。每個東西都將被編造成不同的思想，這時你如何能夠在完全的寂靜中觀察呢？你愈是把從書本中所學到的拿來向內觀察自己，所看到就愈少。

所以當你在修行時，必須把所學到的一切標籤與概念放在一邊，一定要再次成為一個天真無邪的初學者，唯有這樣才能夠在自身透視到真理。如果你把所學習的概念及標準這些行頭帶進來的話，可能直到生命的盡頭都無法碰觸到任何真理。這便是為什麼必須在修行時緊抓住一個要點。如果心關切太多的點，只是繞著圈子跑到這兒或那兒，甚至跑出界外而不自覺，這樣並不是真正地認識自己。這就是為什麼那些擁有很多知識的人喜歡去教導別人，藉此炫耀自己，正顯示了想出頭的欲望如何持續地覆蓋住這顆心。

在各種騙局中，沒有比欺騙自己更壞的了。當你還未真正看到真理時，有什麼資格對自己作不同的假設，認為自己已經得到這個或那個知識，或認為所知道的已經多到足以正確地指導別人？佛陀對這類老師非常批評，稱他們為「白活的人」。就算你能教導眾多的人而成為阿羅漢，只要自己還沒有品嘗到佛法的滋味，佛陀就說你是白活的人。所以你必須持續地檢視自己，如果你還沒有像你教別人那樣訓練自己，又如何能熄滅自己的痛苦呢？

培養向內觀察的覺知

想一想這件事：熄滅痛苦，從痛苦中解脫，是不是微細的事？在我們內心是否完全屬於私事？如果你這樣問自己的話，將走在正道上。不過，這時候還是得小心。如果你在心內開始選邊站，心就會以各式各樣的錯誤見解與看法覆蓋自己。如果你不細心地觀察，就可能會被不相干的事帶走。因為心用來解讀自己以及真實地看透自己的那種覺知，實在非常特別，真的值得培養，而且真的能祛除痛苦與煩惱。這才是真實的，是誠信的真理，而非一大堆宣傳及謊言，是你真正需要修煉的，而且你也必須清楚這樣的觀察才行。當情況是這樣子時，你怎麼可能不想修行呢？

如果檢視自己，會知道什麼是真的，但是你必須正確地檢查才行。一旦開始執著任何自我的想法，認為自己比別人好，那麼這個考試你已經不及格了。不論你的知識如何正確，保持謙恭有禮仍勝於一切。你不能顯出任何高傲與自負，否則這將摧毀一切。

這就是為什麼能把自我的執著袪除掉的覺知，決定於你的觀察力甚於任何其他東西。去檢查你的認知及看法中，是否仍含有以任何程度的我見所產生的高慢成份。你必須運用覺照與覺知的全力來切斷這些，這根本不是你可以玩賞的。如果你得到一些智慧或放下一些事物，不要就自認為很了不起。煩惱從不向任何人休戰，而是持續隨心所欲地跑出來。所以，你必須謹慎地從各方面檢視事情，唯有這樣，才可能從減輕煩惱與痛苦的方法中得到利益。

當我們嘗試去尋求心或是神識的屬性這個煽動者時，便是走在正途上，而且會不斷地得到結果，並不斷地削弱貪欲的隨眠種子，將它們除掉。不管貪欲以什麼方式蜂擁而出，成為任何形式的「生命體」或「擁有形態」，我們都可以捕捉到貪欲的身影。可是捕捉並檢視這個貪欲，也就是導致生命體或佔有形態的動力，則需要相當高的嚴密與精細度。如果你不是真正地覺照與覺知，就根本無法捕捉到這些東西，因為心不斷地想要成為某個生命形態或佔有某物。煩惱的隨眠深藏在心中的種子裡，在神識的屬性中，單單善巧地覺知到煩惱就是一件艱難的事，所以我們不應該只單用想法便想要去袪除這些。我們必須繼續地思維、觀察、探索，直到事情都正確無誤地落定下來，在一個剎那中，它就像達到了最底層的認知，不假外緣地本來就在那兒，是無作意性的。

作意性與非作意性的認知之間的差異，需要仔細觀察。有時候刻意想要向內觀察及覺知，可是有時候雖沒有刻意向內觀察，可是了知仍自己生起。如果你還不清楚，就去觀察這個刻意向內看的意圖：它像什麼樣子？正在尋找什麼？看到了什麼？這是你必須努力把持的基本方法，這個層面你必須運用作意——作意以這個方法向內觀察。不過當你達到這個認知的底層時，那麼只要專注並向內觀察，了知就會自然地生起。

諸法無我

有一天晚上我露地靜坐，背挺得像箭一樣直，堅決要讓心平靜下來。雖然如此，好長一段時間後，心還是無法安定，因此我想：「我已經努力了好幾天了，可是心卻完全不平靜。我想現在應該把這個強烈的心願放下，就只是覺知這顆心。」我開始把手與腿從禪坐的姿勢鬆開，當我才剛放下一條腿，還沒有鬆開另一條腿時，就看到心像鐘擺般搖動得愈來愈慢，愈來愈慢，直到停了下來。

這時出現了一個覺知，由自身支持著自身，我緩緩地把手腳放回原來的位置。這時候，心處在一種覺知的狀態，絕對地牢固寂靜不動，清楚地看著存在現象基本元素的生起與消滅，並隨著這些本質而變化；同時也看到內部另一個不同的情境，沒有生起、消滅或變化，是一個超越生與死的情境，難以用語言或文字清楚描繪，因為這是對自然現象的基本元素的體悟，完全是內在與個人性的。

一陣子之後，我慢慢地起身並躺下來休息，這個心態依然保持著，由自身支持著自身，是深藏於內的一片寂靜。最後心從這個狀態中出來，慢慢地回復正常。

從這個經驗中，我觀察到只靠勇猛為動力的修行，是如何地干擾這顆心，並且阻礙了心的平靜。當一個人對心的覺知恰到好處時，一個向內的覺知就會自然地生起。由於這個清晰的內在覺知，我從那個時刻起才能夠持續地認識到什麼是對的或錯的，好的或壞的，讓我體認到就在心放開一切的當下，便是一個對自然現象清楚的覺知，因為這是一種自己自動觀察內在、認識內在的覺知，而不是以欲望來趨動的觀察與認識。

因為這個緣故，佛陀所教導的「諸法無我，一切現象都沒有自性」，告訴我們不要執著任何自然的現象，不論是因緣所生或非因緣所生。從那個時候起，我就能夠了解事物，並一步步地放下執著。

以清涼的方式熄滅

明白如何專注於事物上，讓你能從修行中得到特別的利益，是很重要的。你必須專注，這樣才能思維與觀察，而不僅是讓心平靜下來。專注於事物如何生起，如何消滅，並把你的專注變得很細微、很深邃。

當你覺知感受的特質時，如果這是身體上的感受，那麼就思維、觀察身體的感受。身上會有一種受到壓迫的感覺，當壓迫或疼痛出現時，你能不能只覺知這是一種感受，那麼它就不會進一步演變成其他東西了；如果你可以只當作是感受來覺知，它就會在那兒停下來。從渴望追逐任何東西的角度來說，就是沒有製造任何滋味。這顆心在那時候便不再糾纏，就在那個感受上放開。可是如果你無法這樣專注在那上面，在感受之上就會有貪欲產生，也就是貪求得到安樂及祛除壓迫與痛苦。如果你一開始就以不適當的方法專注於感受上，那麼在你意識到之前，貪欲就已生起，如果這時候才試著放開，將會非常累人。

罣礙產生的情況，感受在每一剎那生起的情況，事物變化及消滅的情況，你必須專注並清楚地觀察這一切。這就是我們讓心不要糾纏進去的原因。不過我們要心不糾纏進去，並非只是要讓心不曉得或不惹出什麼事，這不是我們所要培養的不糾纏。這顆心愈是真正地不糾纏，就愈能夠把自身內生起與消滅的特質看清楚。我所要求的只是要你仔細觀察事物，於一切時維持全面性的覺知，盡己所能地在這方面努力。如果你能夠盡力維持這樣的覺知力，會發現這顆被覺照與覺知所監督的心，非常不同於不被監督的心，而且是完全相反的模樣。

如果你好好地監督這顆心，讓心以妥當的方法保持敏銳度，將帶來極大利益。如果你不令心維持著妥適的敏銳與覺知，又能期待得到什麼呢？

當我們說自己從修行上得到什麼時，指的是得到不糾纏、自由、空無一物。在我們開始修行前，這顆心很混亂，受到煩惱與貪婪的攻擊、掠奪，完全被糾纏住。現在心不糾纏了，從以往圍堵並燒灼它的煩惱中解脫出來。心所欲求的願望，混合著這個或那個的念頭，全都逐漸消失了。因此現在心是空的，是不糾纏的。就在你的眼前，心能夠以這種方式保持空無。現在就試著去看看心，在你的眼前，就在我說話而你們聽話的當下，不斷地探索心，直到你看見它為止。

如果你能不斷地像這樣保持著覺知，就是依隨著佛陀的腳步而行，把所謂「佛陀」，意指覺悟、清醒的人，在正法中綻放的人，將他的特質納入自身。縱然你還沒有完全綻放開來，也就是綻放到與喧鬧的貪婪、煩惱不糾纏的程度，仍然會獲得很大的利益，因為當心真正認識煩惱並能放下時，將感到清涼與清新。這種清涼感與煩惱正好相反，一旦煩惱生起，就會令我們的內心燃燒與悶惱。如果沒有覺照與覺知來幫助我們的話，我們將被煩惱所焚燒；可是一旦覺照與覺知曉得了，火就熄滅了，而且熄滅後便冷卻下來。

觀察煩惱如何生起並成形，同時也以迅速連續的方式消滅，但煩惱熄滅後卻仍是灼熱的。如果我們在觀察煩惱時有覺照與覺知，那麼它們熄滅後便是清涼的。如果你觀察，會看到真實的知見是什麼，覺照與覺知是什麼。當真實的知見熄滅時，是以清涼的方式熄滅。至於煩惱，就算依著自己的特性而生起與消滅，卻是以灼熱的方式熄滅，而灼熱起因我們執著於它們，是因為執著而灼熱。可是當煩惱以清涼的方式熄滅時，注意觀察：那是因為沒有執著的緣故，煩惱已被放下，已被除滅。

這件事真的值得探究：心中某個特別的東西，特點在於當它真的認識真理時，並不執著，而是鬆綁的、空的、自在的。這就是特別之處。它能空除欲望、忿怒與愚痴，一步接著一步地，空卻欲望和心理活動。重要的事是自己真的看到心的真實性質，它可以是空的。這便是為什麼我說涅槃並不在別的地方，就在這兒，就在事物熄滅及呈現清涼，熄滅及呈現清涼的地方。它正在眼前盯著我們看。

解讀這顆心

佛陀說我們應當以自己的心靈來認知。即使為了說明佛法，很多的字詞和語彙被創造出來，我們只需要專注於能夠知道與看到的那些事物，熄滅並放下，就在現前當下這個時刻。這比背負著一籮筐其他的事物還好。一旦我們能夠解讀並了解向內的覺知，就會明白佛陀就在這顆心上覺悟，他的真理其實就是這顆心的話語。

當人們以各式各樣的方式翻譯佛法時，佛法就成為一種平淡無奇的東西。可是倘使你緊密仔細地觀察心靈，就能夠清楚地看到，放開，放下你的負擔。如果不明白這個道理，你的認知將衍生出各式各樣的枝幹，以各種世俗符號編成各式各樣的想法，而這一切簡直錯得離譜。

如果你就在內在的覺知上認知，並將定為不牽動、不搬移的哨站，就什麼事都沒有：不必抓取任何東西，不必給任何東西貼標籤，不必為任何東西命名。就在貪欲生起的地方，就在它消滅的地方，就是你將認識涅槃是什麼模樣的地方。「涅槃就僅只是貪愛的熄滅罷了」，這就是佛陀所一再強調的。

第二章

觀息法濃縮版

正視煩惱和貪欲的疾病

很多人談論到自己的煩惱時感到很羞恥，可是在議論別人的煩惱時卻沒有羞恥感。只有極少數的人願意開誠佈公地談論自己的病痛或煩惱，於是，煩惱的病被隱蔽並保密起來，以致於我們不了解它有多嚴重及多普遍。我們都有這個問題，只是沒有人願意公然地面對它，對於檢視自己的煩惱毫無興趣。

如果我們希望祛除這個疾病，就必須找到一個善巧的方法，坦然地面對，坦白承認自己的煩惱，從最粗重解析到最微細的地步，唯有這樣，我們的修行才會有益於自己。如果從表面看自己，可能會覺得自己的情形還不錯，認為我們已經知道所應知道的一切。之後，當煩惱以忿怒或愚痴的相貌卯足全力出現時，我們則假裝什麼事都沒有發生，就這樣，煩惱變成一種隱形的病，難以捕捉，也很難診斷。

在與煩惱、貪欲及各式各樣的迷惑戰鬥時，我們必須堅強地測試自己的抵抗力，並將它們降伏。如果我們能夠把這些降伏在我們的指揮下，就能騎在它們的背上；如果做不到，它們就騎在我們的背上，支使我們執行它們的工作，扯著我們的鼻子四處走，命令我們要這個東西、要那個東西，以各種手段令我們筋疲力竭。

所以，我們仍然是身負重擔的野獸嗎？煩惱與貪欲是不是正騎在我們的背上？是不是在我們的鼻頭上穿掛了一個圓環？當你到了一個程度，認為自己受夠了，一定要停住，停下來並看著煩惱，看看它們是怎麼出現的，它們要什麼，吃什麼，認為什麼是可口的。就像某個人放棄了某種嗜好一樣，你可以把觀察煩惱並餓死它們當成有趣的享受。看看這樣做會不會把煩惱惹火了，它們是不是飢餓得正在流口水？這時候不准煩惱吃東西，無論如何就是不讓它們吃所喜好的東西。畢竟，還有很多東西可以吃嘛！你必須以如此嚴厲的方式對待煩惱，嚴厲地對待你的「自我」。「餓了嗎？很好，那就去餓吧！你要死了？很好，那就去死吧！」如果能採取這種態度，就能夠戰勝各種嗜好和煩惱，因為你不再討好欲望，不再滋養那唯獨在物質上一味尋找滋味的欲望了。該是你停下來的時候了，也該是放棄飼養煩惱的時候了。如果煩惱將消瘦並死亡，就讓它們死亡吧！說實在的，你何必把煩惱餵得又飽又胖呢？

無論如何，你必須在欲望與煩惱上施加壓力，直到它們凋萎並瘦弱下來為止。不要讓欲望及煩惱抬頭，要將它們置於你的控制之下。這一類直截了當的修煉，便是你所必須依循的。如果你有足夠的耐力毅然地與欲望和煩惱戰鬥，直到它們全部被燒毀為止，就沒有任何其他的勝利可以與你戰勝自己心中的貪欲及煩惱相提並論了。

這就是為什麼佛陀教導我們在所有的活動中，無論是坐著、站著、走著或躺著，都要給煩惱施加壓力。如果不這麼做的話，在我們的一切活動中，煩惱就會燒毀我們。

如果仔細思量，就會明白佛陀的教導的確就在告訴我們如何檢查煩惱並將它們熄滅。所有的方法和步驟都在那兒，我們不必到別的地方去研究。佛陀的教義及戒律，每一個點都在為我們指點迷津。倘使你研究佛陀的教導、但卻不以袪除自己的煩惱為回歸點，在這種情況下，我們究竟應當如何檢查並治療這個疾病才會變得神秘玄奧。人們不喜歡談論自己的煩惱，以致於變得無知。他們變老並死亡，可是對自己的煩惱卻一無所知。

在修行中，當開始明白煩惱是如何地焚燒我們的心時，便是逐漸認識自己的時候。去了解苦和煩惱，以及學習如何熄滅煩惱，將帶給我們喘氣的空間。

當我們學習如何把煩惱之火摧毀並熄滅，表示我們具備了必要的工具。我們會對自己有信心，沒有疑惑，不會岔到別的修行之道去。我們知道以這種方式修行，一切時中思維並觀察無常、苦與無我，真的能袪除煩惱。

同理，在戒、定與慧上不斷地修煉也可以得到同樣的效果。這是我們的工具，而我們需要一整套，需要由正見而來的思維，以及由自律而生的戒行。戒非常重要。戒與智慧就好像我們的左右手，如果其中一隻手髒了，都無法自己清洗自己，你需要雙手來維持這兩隻手的洗滌與清潔。因此，凡是有戒的地方，就必須要有智慧；凡是有智慧的地方，就必須要有戒。智慧使你認知；戒令你放下、解散、摧毀你的癮。戒並不只是一件五條戒或八條戒的事，它處理的是最微小的細節。無論你的智慧看到任何苦的因，都必須停下來，並且放開。

戒變得很微細，而且精確、放開、放棄、放捨、克制、切除與摧毀，這些全是戒的工作。這就是為什麼戒與智慧要結合在一起，如同我們的左右手一樣，協助彼此洗滌煩惱，如此一來，你的心就能中正不倚、明亮與清楚。戒與智慧的利益就在心上變得很明顯。如果你沒有這些工具，就好像沒有手或腳一樣，那兒都去不成。我們必須運用工具，即戒與智慧來摧毀煩惱，那時，我們的心就會得到利益。

這就是為什麼佛陀教導我們要在戒、定、慧上持續地訓練，透過這種訓練，我們得以保持良好的狀況。如果不持續訓練的話，我們用來熄滅痛苦與煩惱的工具就不會敏銳，也就不會有太大用處，將無法跟煩惱抗衡，因為煩惱具有魔怪般的威力，會在眨眼間燒毀這顆心。譬如說，當心是安靜、中正不倚的，乃至最微細的感官觸覺，藉由讓我們生起喜悅或不喜悅之情，剎那間就把事物焚燒起來了。為什麼呢？

讓煩惱在生起的剎那熄滅

感官的接觸是我們的尺碼，用來檢視我們的覺照有多堅固或多軟弱。大多時候感官觸把事物攪翻了，一旦在眼睛或耳朵上有了接觸，煩惱是非常迅速的。那麼，我們可以怎麼做，才能控制局勢呢？如何控制我們的眼睛呢？如何控制我們的耳朵、鼻子、舌頭、身體與心呢？這是一件修煉的事，簡單明瞭，全在於我們自己。我們必須自我測驗，看看為什麼當感官觸產生時，煩惱就那麼迅速地發作呢？

譬如說，我們聽到某個人正在批評另一個人，我們可以傾聽，而且不會生氣。可是如果它落在我們身上，「咦！她實際上是在批評我啊！」一旦變化出這個「我」，我們立刻就會生氣、不高興；如果我們變化出很多個「我」，就會非常地生氣。單單這件事就告訴我們，一旦我們的「自我」捲進去時，痛苦就來了。這便是痛苦發生的經過，如果沒有自我跑出來並捲入，我們就可以保持冷靜與漠然。當別人遭受批評時，我們能保持漠然；可是一旦我們下結論說自己正被批評，這個自我就出現，並且立即捲入，而我們就立刻被強烈的煩惱所燒灼。為什麼呢？

你必須特別留意這件事，一旦自我生起時，痛苦就在同一剎那生起；乃至你只是在思考，同樣的現象也會出現。你所想出來的自我擴展到各式各樣的問題中，這顆心跟著煩惱、貪欲和執著散到各處去了。由於心觀察自己的覺照與覺知非常有限，才會被煩惱以各種方式拉扯。

然而我們卻不明白這一點，認為自己好得很。我們之中有任何人了知事情就是這樣發生的嗎？我們被自己的迷惑壓得太沉重，太沉重了。不論這顆心如何地被煩惱所覆蓋，我們不明白這一點，因為它使我們眼盲與耳聾。

要檢查並治療這種煩惱病，沒有任何有形的工具可以運用，因為這只在感官接觸時才會生起，並沒有實質的東西，就好像火柴盒裡的火柴，只要火柴不與火柴盒側面的磨擦條碰觸，就不會點燃火；可是一旦火柴在磨擦條上一劃而過，便爆發為火焰。如果火焰在爆發時熄滅，所燃燒的部分便是火柴的頭；如果不在火柴頭的部位停住，就會延燒到火柴棒；如果不在火柴棒的地方停止燃燒，而與任何易燃物接觸的話，就可能演變成一場巨大的火災。

當煩惱在心中生起時，是從很微細的接觸開始的，如果我們不能很快地就在那兒將它熄滅，就會像劃燃的火柴那樣燃燒起來，嘶！僅只剎那間，然後就在火柴頭上停熄，煩惱就在那兒熄滅。可是如果我們不在煩惱生起的剎那將它熄滅，反而讓它開始摻合問題，煩惱就會像火上加了油一般。

我們必須在心中觀察這些煩惱的病，看看它們的症狀是什麼，為什麼這麼快速就揚起來。煩惱受不了被打擾，一旦你打擾了它們，它們就點燃了。如果情況是如此，我們該怎麼準備好自己呢？如何在感官接觸之前就儲備好充分的覺照呢？

禪修是心的庇護

儲備的方法便是練習禪修，正如我們把呼吸放在心上觀察時所做的那樣，事先增強了覺照，於是就有領先煩惱的優勢。只要在心上有禪修的所緣作為內部庇護，就可以防止煩惱生起。

心的外在庇護就是這個身體，是由許多物質元素所組成，內在的庇護便是我們運用來訓練專注與覺知的禪修所緣。不論運用哪一種修法，那就是心的內在庇護，讓心不得四處遊走，摻合各種念頭與想法。這就是為什麼我們需要一個禪修法門的原因。不要讓心追逐著牽掛，猶如那些不禪修的普通人一樣。一旦我們有了一個禪修的要點，就要去逮住這顆如猴子般的心，日復一日的，心將不再那麼地為所欲為，而會慢慢地平靜下來，直到隨著我們對自己的觀察及訓練的多寡，而可以或短或長的堅定住為止。

關於應當如何修觀息的禪修，經典上說要入息長與出息長，也就是沉重或輕柔；

然後入息短與出息短，再度地沉重或輕柔。這些是訓練的起步。之後我們不需專注於入息與出息的長度，只要集中覺知於呼吸的任何一點上，直到心安定並靜止下來為止。當心靜止時，你就在覺知呼吸的同時，專注於心的寂靜上。

這時候，你並不直接專注於呼吸上，而是專注於這顆靜止不動、處於中正不倚的心上。你持續地專注於心的正常狀態，同時也覺知著呼吸的進出，而不真正專注在呼吸上。你只是停留在心上，不過你在呼吸的每一個進出之中看著它。通常在你從事體能工作而且心處於正常狀態時，會知道自己正在做什麼，那麼為什麼你不能覺知呼吸呢？畢竟這是身體的一部分啊！

你們之中有些人對於這一點是陌生的，這便是為什麼你不曉得如何在呼吸的每一進出時，專注於心的正常狀態，而不直接專注在呼吸上。我們在這裡所做的是練習覺知身與心，純淨不雜地，在身與心之上觀察它們。

開始時，專注在呼吸上大約五分鐘、十分鐘、或二十分鐘。入息長，出息長，或入息短，出息短。同時留意在這不同階段裡，心的感覺是什麼。當你以覺照觀察呼吸時，呼吸是如何安定下來的，你必須刻意觀察這一點。因為當你呼吸時，是出自於習慣，而你的注意力則遠在它處，並不專注於呼吸上，並不真正地覺知呼吸，這使你認為很難專注在上面，但其實這很容易。畢竟，呼吸自行進來並出去，以其本具的特性而行。呼吸一點都不困難，不像其他禪修的內容，譬如你將修煉憶念佛陀或是佛馱，則你必須持續地重複佛馱，佛馱，佛馱……。

事實上，如果你願意的話，可以在每一個呼吸的進出之間，在心中重複念著佛馱，可是這僅僅在初開始的階段。重複念著佛馱是為了防止心不在念頭中摻雜其他東西。單單藉由這種重複，你可以削弱心岔到別處的傾向，因為心一時之間只能攝取一個境。這是你必須觀察的事，而重複是為了防止心打著各種妄想並攀緣追逐它們。

你不必記數，當你能夠跟上重複後，心就會安定下來，能夠覺知到每一個呼吸的進出。心將在正常狀態中平靜，中正不倚。

這時候便是專注於心的時候，而非專注在呼吸上。放開呼吸並專注於心，不過仍一邊覺知著呼吸。不必刻意注意呼吸的長或短，只在呼吸的每一進出中，注意那停留在正常狀態的心。好好記住這個法，那麼你將能付諸行動。

姿勢方面：為了專注於呼吸，坐著要比站著、走著或躺下來好得多，因為其他姿勢所產生的感受，往往會壓過呼吸的覺受。行走時會讓身體震動得太厲害，站得太久會令你疲勞，躺下來若心變得太沉會睡著，而坐姿則可以持續一個姿勢，讓心穩穩地安定一段長的時間，你自然會自動地觀察呼吸與心的微細處。

在這兒我想濃縮觀呼吸的步驟，以顯示出經文上所提到的四個四組全部都可以同時修。❶換句話說，可以在一個靜坐中同時專注於身、受、心、法嗎？這對於所有人而言，都是一個重要的問題。你可以，如果也想要的話，精確地依著經上所說的所有步驟，以培養強而有力的禪定。可是這需花費很多時間，對年老得只剩下一點點時間的我們並不適合。

我們所要做的便是集中覺知在呼吸上，時間長到能令心堅穩，之後便直接檢驗各種因緣生起的東西是多麼地無常、苦與無我，那麼我們在每一個呼吸的進出中都可以看到所有因緣生法的真相。如果你可以持續這麼做，沒有中斷，覺照力會變得堅固與舒緩，足以生起慧觀，而慧觀則令你得到清晰的認知與影像。

正確修煉觀息法的步驟

以下便是觀息法濃縮版的步驟指南，要修煉直到它們在心內生起認知，也就是對自己的認知。

當你要修觀息法的時候，第一件要記住的事是坐正，並保持覺照力的堅固。吸

❶《安般念經》列出了十六項在觀息方面的修行步驟，這又劃分為四組，每一組處理一個《大念住經》上所提的要點：身、受、心、法。

氣，吐氣，讓呼吸感覺開闊而輕鬆。不要緊繃著手、腳或任何關節，將身體保持在一個適合呼吸的姿勢。剛開始，入息長，出息長，相當粗重，然後慢慢地，呼吸會縮短，有時粗重，有時輕柔，然後入息短、出息短地練習約十或十五分鐘，之後便讓呼吸自行變化。

一陣子之後，當你專注地覺照呼吸時，呼吸會漸漸地自己改變。觀察這個變化，隨你歡喜的一段時間，然後去覺知呼吸的全部，即它全部的微細感受。這是第三個步驟，即第一組的第三步驟：遍全身觀（sabba-kāya-paṭisaṁvedī），藉由觀察呼吸在身體各部位的全部感受，尤其是與出息及入息相關的感受，以注意呼吸是如何影響著整個身體。

在這兒，你留意著呼吸在任何一個片刻的感受。當你正確地這樣修煉了一段時間後，這個身體，即呼吸，會逐漸平靜，心也會安靜下來。換句話說，當呼吸變得寂靜時，覺知著呼吸的覺知也會寂靜下來。當呼吸的微細點寂靜下來，同時你不打岔的覺知也寂靜下來，呼吸變得更加微細，身體的全部感受也逐漸變得愈來愈微細與寂靜。這是第四個步驟：身體各部分的寂靜。

一旦做到這一點，你便開始覺知隨著身與心寂靜所產生的感受，不論是快樂或輕安或任何的感受，都會非常清楚地出現，讓你得以思維並觀察。

經過這些你已經走過的階段，即觀察呼吸的進出、長短，應該足以讓你明白息是無常的，縱然你並沒有專注在這個思想上。息不停地改變，從長的入息與出息，到短的入息與出息，從粗重到輕柔等等。這應該能使你解讀呼吸，明白根本沒有一剎那是不變的，自身從一剎那到下一剎那地變化著。

一旦你已經明白身體的無常性，換句話說，即呼吸，將能看到並感受領域中微細的樂受與苦受。因此現在你觀察感受，就在一直專注於呼吸的同一個地方。雖然這是由身與心寂靜所產生的感受，然而在寂靜中仍然是無常的，是會變的，因此在感受領域裡，這些變化無常的感受顯示出無常便在它身上，它本身就是無常，正如呼吸一樣。

當你見到身體的變化、感受的變化及心的變化，便是見到了法；換句話說，便是見到了無常。你必須正確地了解這一點，修第一組觀息法，就涵括了全部四組的觀息法。換句話說，你看到身體的無常性，之後思維並觀察感受；你看到感受的無常性，之後思維並觀察這顆心；這顆心也是無常的，而心的無常便是法，見到法便是見到無常。

當你在每一個呼吸的進出中見到一切無常物的真本性時，要一直盯住那個無常。在所有的行動中保持著這個修法，看看接下來會發生什麼事。

接下來發生的便是貪欲的平息和放下，這是你必須自己去了解的。

這便是濃縮版觀息法的內容。我稱為濃縮版，是因為這就涵括了全部步驟，你不必一次只做一個步驟。只要專注在一個點上，這個身體，那麼你會看到身體的無常性，也將會看到感受。感受必須顯示它的無常性。這顆心對感受的敏銳，或它的念頭及妄想也是無常的。這一切都不斷地變化著，你就是這樣了解了無常。

如果你能善巧地以這個方法來觀察及認知，會碰到你的「自我」是無常、苦、無我的，會遇到真正的法。這不停變化的法，像是正在燃燒的火，以無常、苦與無我而燃燒著，便是一切因緣和合之物皆是無常的法。可是更進一步觀察，在心裡或在心的屬性中，有個特別的東西，不是任何種類的火所搆得著的，在這兒沒有苦或任何種類的逼迫。你可以說這個「特別的東西」就在內心，可是它並不真正存在於心內，只不過碰觸的那個點在於心內而已。你實在無法描述這個，只有將所有煩惱熄滅，才能導引你親自去認識。

這個「特別的東西」以本具的特質存在著，可是煩惱卻將它的各面包圍住，所有這些不真實的東西，也就是煩惱，不斷地在中間阻撓，佔據所有東西，以致於這個特別的性質被圍困在裡面。事實上，在時間的領域裡沒有任何東西可以跟它相比，你也無法用任何符號來標示，可是這卻是一種你可以穿透而見到的東西——藉由穿透煩惱、貪欲與執著，直視心的純淨、明亮與寂靜的狀態。這便是唯一重要的事。

可是它並不只有一個層面，而是有很多層，你穿過外皮到內皮，再到邊材之後才能抵達木心。真正的法就像木心，不過心中有許多部分卻不是木心。根、枝幹、葉子的數量豈只是多，可是木心卻只有一丁點。那些不是木心的部分會漸漸腐敗並分解，可是木心不會腐敗。這是我們能作的一種比擬。當一棵樹死亡時，葉子會枯萎，枝幹會掉落，樹皮及邊木會腐壞，最後除了木心之外，什麼都不存在了。這是我們以不死的東西來作的另一種比擬，這個不死、不生、不變的屬性，也可以稱為涅槃或非因緣生，所指的都是同一件事。

好了，這是不是一件值得努力去見到的事呢？

第二章

逆流而行

我與自私

你必須檢測自己，停下仔細思考修道上每一步的得與失，才能盡己所能地修正日常生活中的偏差或錯誤。如果你的檢視不精確，心就開始透過自我向後倒退；唯有對細節認真，才能防止自私這個疾病四處散播細菌。

這就是為什麼你必須不斷地向內觀察。如果你不留神，那麼一種有個我的感覺就會生起。你必須確保這種感覺祛除了，尤其當它傾全力而出的時候，就算很微細，你仍必須試著捕捉它，因為如果你不將這種內在的疾病完全祛除，修行便不會與佛陀的教導一致。

因此你需要作一個徹底的自我檢測，就從五戒及八戒開始。一般來說，戒能在初期階段減低自私，並在中期階段增長定力，這些我們都已經了解。不過，歸根結柢，我們還是得運用覺照與覺知以祛除這個從沒看清楚無常、苦與無我的真相所衍生出來的「自我」。我們必須再三地思維和觀察這些點。

當我們對這件事的興趣愈來愈濃厚時，就能開始祛除煩惱、貪欲和執著，連同以各種形式出現的自我感。因為我們打從一開始就無知於事物是無常及不可靠的，於是衍生想抓取這些的欲望。

這種疾病很難治療，因為我們是如此習慣於檢視別人，而不是自己！轉而向內的動作，檢視自己，以及捕捉那內心深處潛伏陰險「自我」的影像，需要微細但有力的覺照與覺知。就算如此，還是很不容易，因為我們只習慣於看到這個自我的騙局，所以，我們必須仔細檢測自我所用的許多不同掩飾。一旦我們不謹慎地檢測，修行就會出軌，結果不但沒有削弱自我，還反而增強了。

為了不再蓄養這個自我，起步時，我們必須對所擁有的感到知足，不該增長對事物的貪心，不論它多麼粗糙或細緻，不論我們多麼地被吸引。這是每個人必須看到並了解的東西，但這並不容易，因為貪心可能很細微，也很隱蔽。令這件工作更困難的是，自我總是在找事情讓我們分心。如果我們問究竟自我在飢渴著什麼，那麼努力的目的何在，自我就假裝沒聽見，唯一感興趣的是無有止盡地希求更多東西。

以巧妙的方式獲得東西，是人類天性的基本特色，煩惱唯一擅長的是去獲得，而不是放棄或犧牲。唯有改變這個情況，我們才有可能擅長捨去！這會帶來很多利益，因為這樣子，我們可以停止抓取，漸漸地，藉由強有力的思維和觀察去摧毀煩惱。如果藉由切斷煩惱的糧食，阻止煩惱盡情地進食，我們便正依著阿羅漢的足跡而行。可是另一條路，那條詭詐與滋養「自我」的路，卻置我們於魔王的足下（魔王即擬人化的煩惱），結果不但不是捨去，我們反而一味地捲入無窮無盡的追逐和享用之中。

所以有兩種道，你應該問問自己：「我所依循的真的是覺悟之道嗎？還是魔王與自我之道呢？哪一條道我比較擅長呢？」這是一個必須不斷詢問自己的問題。如果我們不夠敏銳，將被這個「自我」的詭譎所愚弄，魔王會在耳邊細語，說道：「我若得到愈多愈好。」所以我們必須自我檢測，看看這種自我的嚴重情形，也就是在攫取這方面的靈巧，是如何地感染每一個人。

至於倉庫裡存放著別人捐贈給到此地修行的人的物品，你必須小心，千萬別自己去拿，一定要先問一聲。如果你拿了某樣東西，好讓自己能夠舒適一點，縱然是不經意的，仍和盜賊一樣。所以若未經許可，不要拿大眾的物品。事實上，你應該拿出並與人分享別人捐給你的東西，這樣做可以防止執著，並且不要只為了自己的方便而計畫，否則喜愛侵佔東西這個自我的本能，會變得很有伎倆，讓你很難覺察它的危險。

如果我們犯了接受這個「我若得到愈多愈好」原則的錯，就是將自己置於魔王的威力之下。現在我們已成為佛陀的弟子，怎麼可以讓自己這麼做呢？如果看到任何強烈的貪欲在心中生起，唯一的出路便是將貪著的對象放棄。放開它！沒有任何的情況是你可以偷偷持有的。我直截地告訴你：任何住在宗教團體裡的人倘若這麼做的話，將只會從不好的情況走向更壞的，因為她對罪惡的結果沒有慚愧心或恐懼感。沒有這兩個原則為基礎，我們怎麼可能在心中建立正法呢？就算我們是專家，可以引述並背誦經典，卻連一個小毛病都不能袪除的話，心將會不知貪欲的邊際在何處了。這麼一來，心會變得非常醜陋，或者至少受到疾病感染的部分會如此。我們該怎麼做才能袪除貪欲呢？與過於自私的人親近，將更加誘發這個疾病，並將感染力擴散到心的深處。

摧毀貪婪的種子

關於貪婪這件事，人們老是隱藏起來不喜歡談論。這確實不是個讓人開心的話題，因為它潛伏著影響。唯有運用覺照與覺知來檢測自己，才能體認到貪欲與煩惱的詭詐。該怎麼摧毀這些呢？不能藉由心不在焉，這點是肯定的。你必須捨棄愈多愈好。如果任何東西引起自我，便放捨掉。你們不能自行商量並同意讓每個人盡情地擁有，不過你們可以相互勉勵要盡力地捨去。如果不這樣做的話，心就會掀揚起來，因為你以自我的塵土與疾病感染了自己，這時誰有可能為你治療呢？

記住這一點：當你決定檢測這個心中要命的疾病時，沒有一個人願意跟你討論這件事，雖然別人也充滿了相同的病菌，他們卻寧願談論其他事。偶爾捨棄物質的東西還算容易，但要捨棄「自我」是既艱巨且極度的困難。然而，這個努力仍是值得的，因為自我是一切痛苦的根源，如果它的根不被摧毀，就會繼續發芽並茂盛地生長，所以我們必須轉而向內觀察以逮住它。

佛陀所留下有關四種資身物的思維，對比丘來說，包括作袈裟的布料、乞來的食物、住處與醫藥。佛陀說如果這些東西不被單單視為物質，只是作為維生之用，不單單被視為僅僅是物理元素，完全沒有自我在裡面，那麼它們就會跟火一樣炙熱。而今我們並不是比丘，在修道上才剛起步，可是如果我們下定決心摧毀煩惱及自我，依著同樣的修法而行並沒有傷害。不然的話，想想看煩惱、貪婪、執取及自我將如何無有邊際地漫延啊！

所以，你必須作選擇：是依著你的老路子，或努力朝向了斷這個自我。這真的是你個人的事。朝向內部檢測自己，與你的習慣正好相反，可是如果你嘗試做的話，即使只是一丁點，利益都是很大的。當你真的能夠逮到這個自我在牽扯你進入更深的痛苦詭計時，就能在當下將它袪除，其結果是無價的。

如果我們在袪除自我上失敗的話，這個延綿痛苦的種子會被播撒並成長；而如果我們不向內去檢測自我，自我就將加倍地生長。就算我們可以引述並背誦經典，乃至能夠善巧地教導別人，心仍然不清淨，並且處於困惑中。可是如果我們能夠看清楚這一切，會對自己的欲望產生厭惡感，將開始捨棄事物並願意犧牲，不論這有多麼困難，就是為了不要遭受痛苦的操控。一旦這樣做，每一個微小的放捨都將在心中樹立自身的酬報，直到全面勝利為止。

我們之中有堅固慳吝業習的人，這就是一個煩惱，如此而已，沒有辦法放捨任何東西。我們不願意觀察自己，承認自己嚴重罹患了被列在十六種不淨及各種戒法中的疾病。如果我們經常仔細地檢測自己，那些煩惱就不敢露臉；一旦我們大意，那些煩惱就變得勇猛，而且能夠做出最自私、最邪惡的行為。那時候我們會覺得將大眾的物品，正如我們這兒所有的，侵佔為自己私用是很容易的事。當我們轉而向內，持續檢測內心，並捨棄毫無價值的執著，那麼不論做什麼，都將是佛法，是對我們在生、老、病、死中的伴侶有幫助的事。一旦我們根除自我，將能夠幫助他人，而不計較所遭遇到的困難。當我們不含一點自我時，才是真正走在聖道上。

修學佛法需要在日常生活中有個基本規矩，少了這種規矩，修行就會變得不像樣，同時行為的馬虎也會讓煩惱更容易生起。規矩有益於喚起覺照，阻擋住煩惱。如果我們無視於戒條與規範，將無法完成任何事；如果我們認真地遵守，將會非常有利益。戒條與軌範協助我們在每一情境中如何正確地回應，而這是我們需要的，因為我們並不真正地了解。佛陀是從所有角度了解一切情況。對於身內及身外的事，我們對自己沒有信心，因此必須依賴佛法的指導。但是我們是否會依著佛法而行或落入歧途，則每個人都必須為自己作決定。

如果我們不自滿，同時想要袪除煩惱、痛苦與逼迫，就必須為自己訂定這份工作並堅持到底。不論我們轉向哪裡，所面臨的不外是痛苦的火焰罷了，所以現在應該要停下來，朝向內部，為了得到解脫，我們應該全心投入於戰鬥中。如果我們並未清楚徹底地明瞭自己的心，煩惱便會繁衍並將種子散播出去，這麼一來，除了愈來愈多的痛苦之外，一無所成。所以我們必須加強覺照與覺知，因為沒有其他工具可以與煩惱戰鬥並摧毀它們。

要訓練這顆心，需要鍥而不捨的努力，以覺照與覺知來指點迷津。心不在焉不過是浪費時間，使我們跟原先一樣愚蠢。當我們明白這一點，努力所帶來的利益會增長，直到最終摧毀煩惱，捨掉執著，並從一切痛苦中得到解脫為止。可是如果我們不朝這個方向努力，就會被貪婪與煩惱的威力捲走；如果我們自滿並粗心大意，煩惱就會擰著我們的鼻子，拉扯著我們四處轉。這就是為什麼佛陀建議要將放捨、犧牲，以及不黏著作為工具，以袪除心中極度危險疾病的原因。

這些疾病非常陰險，雖然有時會透露一點真性，可是並不足以警策我們。這就是為什麼這些危險疾病最終佔據操控地位，有時候我們甚至心甘情願地向它們低頭！因此我們的檢測必須非常小心、謹慎，否則就像在一艘漏水的船上，才剛把一個洞補起來，就發現其他地方也在漏水。有六處洞口或縫隙，即眼、耳、鼻、舌、身與意等感官，如果不持續看住，這六處洞口或縫隙就會敞開讓心流出去追逐外境，讓心受到更多痛苦。

所以，我們必須運用覺照與覺知來檢測內在真正發生什麼事，這將是一天之中最重要的事。我們的人生為的是要袪除煩惱，而不是其他的事。然而，煩惱與痛苦不斷地等候在那兒，如果我們不是平等地對待它們，它們就將灼燒我們。我們必須轉身自問，並且請教如何脫離這種情境，這將導致很高的報酬。只要我們仍有一口氣，身體還沒躺在棺木中敗壞，就必須尋求指導和方法，以袪除這些可怕疾病的病因：煩惱與貪愛的種子。這些疾病深深地啃蝕著這顆心，只有佛法才能療治。從佛陀所開的各式法藥中，每個人必須小心選擇適合自己情況的，然後慎重地服用，從根源處摧毀我們的疾病。

只要我們的自省不足以摧毀煩惱，煩惱就會愈來愈強烈，並像心中的悶火一樣燃燒。自省即是滅火器，以熄滅我們的貪心。當我們使用了之後，再次檢測這顆心：它真的解脫了嗎？又再度發作了嗎？如果我們不持續自省，最後只得被火焰燒盡。不論我們自認為多麼地聰明，還是被貪欲所支配，不僅不努力根除，甚至展開雙臂歡迎它，心因而成為欲望的奴隸，墮入愚痴狀態，抓取這個或那個，結果被陷住，完全不知道該如何出離這個困境。

受制於缺乏決心，惶惶然不知所措，我們淪為煩惱的奴隸。然而我們愈是屈服於煩惱，它們就變得愈壯大。克服煩惱唯一的辦法是喚起覺照與覺知，從每一個角度來抵抗並檢測煩惱所帶來的痛苦，直到心拒絕再次成為奴隸為止。只是表面裝個樣子是沒有用的，因為愈是大驚小怪，煩惱就愈是固執。所以我們不可以心不在焉，不論何種情況，都需要妥善的回應。一片善心是不夠的，我們所必須做的是專注，並以極大的細心與謹慎加強覺照與覺知。這是一個重要的點，要好好的牢記。

穿透「空無」的洞見

為了讓心獲得真正的理解，心必須不斷在每一個呼吸中檢視你的每個動作，這樣心才能停住你的偏見，以及持續不斷在愚痴的影響下編造毫無用處的想法這個習慣。你若還沒真正下決心，修行便會心不在焉，結果將散亂無章，徒然浪費寶貴時光。所以向內看看自己，持續地看，直到看清楚為止。

事實上，一旦調整自己，觀察內部要比觀察外部更有趣。外部，除了事物消逝之外，沒什麼可看的，這又有何趣味可言呢？可是這內在的眼睛能穿透內在明光，並穿透法的真相。一旦我們看到一切因緣和合之物消逝的特質，對這個特質得到一種洞見：它是不會消逝的，這是一種不會改變的特質，就是如此。

只要覺照與覺知還不足，並且缺乏支柱的話，煩惱就會擊敗我們；可是如果我們堅定地加強覺照與覺知，煩惱就會逐漸軟弱並退去。這時我們開始注意這顆過去是那麼迷糊與不定的心，現在是如此堅定而清晰，能更精確地看到事物的無常，並且放下它們。對無常的洞見，能使覺照與覺知穿透更深層的洞見。不過，這個穿透必須確實地專注並持續，因為乃至最輕微的不經心都會打斷它。唯有它不動搖、不移開目標，乃至在剎那間，它才能控制住煩惱。如果它粗心大意，便永遠不能影響煩惱，而煩惱會再結黨，變得比以前更強大。

因此要在每一個動作和呼吸中，培養覺照與警覺，努力讓心保持專注，這樣心就不會隨著牽掛而溜走或被妄想所矇騙。要小心這種自認為「我知道」，而其實你根本一無所知的傾向。直到心穿透到真的洞見之前，總會有疑惑及猶豫不決，可是當你真正開始看的時候，疑惑會變得愈來愈少，而你對事物不再猜測了。你真的了解了。

不過，此刻，你能夠肯定自己的洞見是真實的嗎？當心真正地看到時，煩惱、痛苦及逼迫就被袪除了；可是如果你只是認為自己看到了，實際上對心仍沒有真正的洞見，那麼煩惱與痛苦就不可能被摧毀。

真正的洞見穿透這顆心，這個欲望不斷生起，以及障礙法的那些事物的居住場所，唯有當你能不讓這些事物生起時，才能看到那顆不再有欲火及欲惱的心之特質。

當你恰當地專注並下定決心時，隨時都可以看到這個特質。但你也可以看到別的東西啊，為什麼特意要這一個呢？只要仔細看，你肯定能見到！可是如果你想穿透的話，必須以妥善的方法向內觀察才行，否則什麼都沒有。如果你公開違背真知的基本原則而抓取事物，然後試著直抵真相，每樣事物都會變得扭曲，驕慢或類似的東西將會蠕行而入。

唯一的安全之道便是觀察事物的生起與消滅，而且純粹只是觀察與認識，而不執取。所以，去觀察吧！這便是從執著邁向解脫的道路。佛陀說過，「觀世間是空的。」那便是我們如何看待牽掛，當牽掛生起與消滅時，是空的。當心真正明白事物的無常性，也就是這個世界及牽掛的虛偽，就不再執著於這些了。這是一個空無的心，自由的心。這個空有很多層面，可是即使短暫地品味任何一分都是非常有利益的——只要不抓取任何東西。

這個空無的、自由的心，叫作解脫，指真的究竟的解脫，在我們所唱誦的一部經典《十六慧義經》（《經集》V）中，被如此地描述：「解脫不受變化的影響。」空無的心如仍會改變，並不是真正的解脫，所以我們必須繼續檢測每一個層面並不斷求得結果，而且不論我們必須處理多少個層面，直到這顆心最終不再改變，根本沒有標籤或執著，結果便是從執著中解脫出來。這是穿透洞見的真正方法。

祝願所有修習佛法的各位，精進努力，不懈不倦，直至親自看到並認識這個真理為止。

輕重緩急的抉擇

我們都遭受到逼迫與痛苦，於是生命中最重要的任務便是捨棄它們。如果心缺乏佛法的知識，在面臨逼迫的煩惱時便會束手無策。除非我們轉向佛法，否則在這一生裡將被吞噬，之後就進入下一生。只有佛法的修行，別無他法，能夠熄滅煩惱，並將我們從痛苦中解脫出來。

基本上，佛法的修煉意味著不斷地向內觀察自己的身與心，因為身與心是我們生存的基礎，依著自身的特性而變化，我們必須以妥善的方法加以探究，因為不這樣的話，我們將依著這種心不在焉的平凡之道，對任何事都茫然無知，卻又執著於只會增加自身痛苦的事物。痛苦的原因不易察覺，而且需要全神貫注才行。當我們檢視心中的不安與焦慮時，發現這是來自於貪婪、瞋恨與愚痴的疾病。追逐事物除了給這顆心帶來混亂之外，其餘什麼都沒有，就好像感染了急性惡毒的病菌一樣。

我們會畏懼生理上的疾病，可是對於染污這顆心的煩惱病卻不以為意，不願意去了解這有多麼嚴重；有時候，出於無知，還會讓病情更加嚴重。因此，真的要一本正經地袪除煩惱是困難且不吸引人的，尤其在面臨外在許多將欲望撩撥得分神之事時。一般無知的人們只是隨著自己的欲望團團轉，直到暈眩而失去平衡。這很明顯是痛苦與逼迫，然而如果我們不在意這種困擾，不努力克服隨著欲望而行的習慣，必然只能臣伏於它。煩惱已經控制並感染了這顆心，我們卻毫無所知，使得這些疾病難以被察覺出來。

所以，我們必須將注意力從外在事物轉而專注於自己的身與心。身與心，色與名，不論你怎麼稱呼，都是變化無常的，可是一般人很難理解。這就好像一個人的成長，打從在母胎開始，就一直不斷地變化與轉變。成長其實就是變化，世上沒有任何東西是不會變化的。

身體及物質的老化應該不難察覺，可是我們仍然沒有注意到。心理的狀態更是不斷地變化著，然而每回當我們觸及到影像或聲音時，與其說是看到這個現象，不如說只是抓取這個對象，這也讓我們深陷於痛苦與逼迫中。

如果我們能夠穿透色、聲、香、味、觸及法的覺受，會發現一個不止息的變化，一個不停的生起與消滅。舊的牽掛如何被消滅呢？新的又是如何出現而取代舊的地位呢？煩惱的威力是如何地趨動這顆心去製造那些迅速漫延到界外去的概念及想像呢？

我們對這類事情根本就不用心，當發現自己被逼迫壓倒時，就會導致充滿強烈的貪愛、瞋恨與愚痴的話語和行為。

由煩惱所導致的苦惱，比最熾熱的火還要灼熱，只能透過修習佛法來解除。可是普通的凡人，即使被活活地焦烤卻依然活著，彷彿對火免疫了似的，並不放在心上，甚至微笑以對，並以抓取稍縱即逝的事物為「我」以及「我的」為滿足。他們不明白無論所喜愛的及抓取的是什麼，都是永遠搆不著的，是會消逝的。

我們必須儘量深刻地向內觀察，好能看到真相而不落入迷惑或執著中。我們在藏經中讀到類似結使束縛或隨眠煩惱的病，然而卻不從自身中尋找看看有沒有這些病。我們可能翻譯這些字眼，也知道是什麼意思，可是卻不了解身見（認為有一個自我的看法）是一切痛苦及折磨的直接來源。我們不但誤解這個明顯的真理，還不經審查便十分願意堅持自己錯誤的看法。這就是心是如此愚痴的原因。

人們總是說知道許許多多事，有時甚至到了一個程度，他們無法安靜地坐著，總是要研究著什麼新主題。他們知道什麼是好的，什麼是對的，知道一切，不論什麼主題，總會搞出一個答案，直到他們的想法全部出了界外為止。這是因為他們知道得太多了。這樣的知識是來自於煩惱與貪婪的知識，只有來自於穿透這顆心真相之覺照與覺知的知識才能對治。如果我們任由自己的隨眠煩惱配合散漫的思想，不施以任何拘束，這顆心將把自己累壞，直到精神崩潰為止。如果我們讓這一切發生，最後會瘋掉，甚至直到死亡都在迷糊中，而在轉世時又回到同一個迷糊狀態。這是因為我們還沒運用佛法來檢驗及打散那種思想。藥物或鎮靜劑只能解除表層症狀，無法觸及根源。要處理根源，必須運用覺照與覺知來監督心，這樣心才能清除自己的迷惑。這便是佛法如何發揮痊癒的功效之處。

法的修習可以治癒每一種心病，這個事實值得進一步思考。在我們理解法的每一步，都得依賴覺照與覺知。不論我們對世間的事有多麼了不起的知識，如果對法不感興趣，還是受制於煩惱，注定要生、老、病與死亡。不過，一旦我們依著佛陀的意思了解法，心就會變得明亮、平靜與清淨，這種知識比起為了謀生或娛樂所求得的技能更為珍貴。

當我們開始不斷地檢測自己的心，就會明白當心變得不安時，就失去了自由，並拒絕接受佛陀的指導：「在出離感官樂中找到安全。」在感官物，即色、聲、香、味、觸中尋樂而被活生生地灼燒，這當然不是「在出離感官樂中找到安全」。可是如果我們正確地看到感官樂的過患就是痛苦與逼迫，對它們就不再感到滿意，於是心就自由了。在這一刻，當心不執著於感官物，沒有欲望，我們將能夠穿透到比較深的層面，體認究竟在感官之中有沒有任何快樂可言。這個自由的心在自身內外會明白，快樂不在於被痛苦所淹沒或被情欲所撩撥。沒有情欲的心會立刻趨向自由。這是你要的嗎？還是你滿足於永遠不知足的欲望呢？仔細想想這一點，再作出決定吧！

別讓心被自滿蒙蔽

將心從感官樂的糾纏中帶往自由之境，引出了一個自然清淨與平靜的狀態。與這種自由與安樂相比，捲入感官的想法自然變得不起眼。如果不思維這一點，便會迷失在欲望與情欲中，無有止盡，受貪愛所束縛。你已經被這個難以治療的疾病困住那麼久了，而今是不是該下定決心將它從根處摧毀呢？

當心給所渴望的事物貼上標籤並執著時，你應該反觀並看看之後所帶來的傷害與痛苦，然後把這種不安樂與從欲望中解脫的安樂相比較。你必須不斷地思維和觀察這兩種狀況：痛苦與從痛苦中解脫後的自在，並在心中及每個呼吸中注意著它們。這個原則在《念住經》中已提到了，此經描述了許多不同檢測與反觀的方法，可是如果你不實際應用在修行上，就不會有任何利益，不論你讀過多少經典，將只是在黑暗中摸索，什麼都不明白。

要查出這種疾病，需要培養覺照與覺知，運用它們直到穩定為止。如果你只是偶爾、而且是心不在焉地運用覺照與覺知，還是會耽溺於安逸中，在修道上將永遠不會進步。然而，只有這種進步才能夠減少貪欲、痛苦與逼迫。關於這一點，你必須自己去體會：最直接的修行之道便是不斷地反觀並檢測事物。看看你如何能最恰當地把反觀的修煉應用在日常生活中。

至於住在這兒、藉由過著聖道的生活而全心投入佛法的人，對於這一點尤其要謹慎。我們的修行要求我們要誠懇地運用覺知與覺照，堅持不變，直到真實的知見生起為止。起步時，我們學習如何觀察，那麼在無知之處便會生起新的領悟。只要心仍被無明與愚痴控制，就不可以放鬆或自滿。我們必須持續地注意出離所有帶來痛苦與逼迫的東西，思維所有為心靈帶來光明與清晰的東西。

如果不這樣做，心會習慣被環繞於四周的感官物所欺騙，我們的修行會停留在只是理論及空談。事實的真相是我們的心並不真正知道什麼是什麼。任何一丁點的真實洞見當真生起時，我們並不跟進，只是無所謂地坐著，讓自己被外在的境物佔據而忽略應有的修行。所以，我們必須看住自己以防自滿，動員自己的覺照與覺知，這樣它們就能夠穩定增長。當我們能夠穿透到無常、苦與無我的真理時，甚至僅只是一剎那，會明白這才是真正完美的方法，能消滅所有的痛苦與逼迫。如果有任何我們仍未覺知的東西，必須踏實地探究，並且跟自己已經知道的作比較，這樣就會導向從「自我」以及從「我的」及「他們的」脫離出來。就算只是一剎那的洞見，都賦予生命價值，沒有它，我們仍在無有止盡的無明黑暗中，同時無有止盡的妄想，使心老是陷在一種混亂的狀態和可悲的情境中。

所以，與其只關心吃睡以及其他一般活動，我們實在應該穩定地禪修，確保心處在覺照與覺知的監督下，一直留守在約束的範圍內，不要把心放出去追逐其他東西，那是浪費光陰。

戒法的利益

修行的第一步便是持守戒法。我們需要戒法，否則事情會混淆不清。當我們向戒法伏首低頭時，會發現戒法帶來很大的利益，於是明白生命的目的只在於訓練我們在這個身體進到棺材以前，要袪除煩惱及痛苦。如果心對於找到一個適當安靜的地方及修行並不這麼關心，就會習慣性地以自己各式各樣的想法及思想，一股腦兒都跑到界外去了。因此，每個人對自己所走的方向要堅定，當心溜走去追逐感官物以及牽掛於成見時，要予以制止，並將心引回來向內觀察和檢視，這樣才能逐漸培養鎮定與平靜。

佛陀教示了許多正確的方法，譬如觀息法，都是專門針對修定而教的。如果我們不以其中之一作為基礎加以修煉，那麼任何結果都是不穩定且飛逝即過的。可是如果我們能運用這些方法，心就會被覺照與覺知調伏，不至於迷迷糊糊地失了神。

想得到所期望的結果，應當如何做呢？我們如何在日常生活中改進自己的修行呢？這些都是應該謹慎思維的問題。不要流於自滿與健忘。我們在修道上所做的每件事，包括守護根門，都必須堅持下去，不可動搖或走入岔路，否則光陰飛逝，生命愈來愈短，而我們卻一事無成。如果你不注意而且心不在焉的話，怎麼可能期待脫離痛苦呢？這是多大的浪費啊！

所以要發心！當你真正發心時，將能夠正確地安頓自己，並持續地改掉分心的習慣。把觀察點集中在無常上，而無常中所蘊藏的逼迫以及這一切，都沒有我。然後將焦點置於覺照的核心，穿透進去，在覺照觀察你的心與身時，能清楚地明白這些要點。當你清楚地理解這一點時，在法中才能夠被稱為有智慧與覺醒。如果你的洞見是真實的，就不會再有「我」及「我的」的感覺，對任何事物都不再有執著與牽扯。

這個聽起來有不有趣呢？我並不是在說些瑣事，明白嗎？我是直截了當地談論嚴肅的事，所以你們應該注意聽。心不在焉地聽，完全沒有任何作用，你必須努力在自身中得到洞見，這會帶來相當大的酬報。你應該把這個列為主要的關懷重點，專注於此甚過一切。

祝願法成為你生命中的光明燈。

覺照猶如打進水霸的樁材

談論修行比談論其他事還有用，因為修行會建立洞見，如果我們按部就班地依著修行，就會讀到自己，並不斷解讀心內的東西。當你檢驗由煩惱、貪愛和執著所引生的傷害及痛苦，進而讀到自己，有時候會碰到真的知識，讓你得以息滅並放下貪愛，心會立刻變得寂靜，不再有心行和心思。以往由於你缺乏自省的緣故，才讓心行和心思成為心的主人。

自我省察的守則是最重要的工具，我們必須集中一切的努力來熟悉，尤其是我們運用覺照專注於這顆心，並且把心收攝回來集中於一處。如果你不專注於將心維持在集中的狀態，或以中正不倚為心的基本立場的話，心就會溜走去追逐心中的牽掛或感官的觸受，引起困擾與不安。可是當我們練習在根門之處施以約束，透過心中持續保持覺照，就會像打進水霸的樁材一樣。如果你曾經見過在水霸打進樁材，就會知道這些樁材必須深深地打入地面，這樣才會堅固而不動搖。可是如果將樁材打入泥巴裡，只要輕輕一觸，樁材就搖晃不已了。這給予我們一個概念：我們的覺照在穩定這顆心時，必須多麼地堅固，以便在感官接觸境物時支撐得住，而沒有喜愛或不喜愛。

堅固自己的覺照，是你必須在每一個活動、每一個呼吸的進出中，持續維持的一件事，那麼心便會停止散亂地追逐各種牽掛。如果做不到這一點，當心在任何時候有了感官的接觸時，就會被撩撥起來，就像一艘沒有舵的船隨著風與浪而漂泊。這就是為什麼你需要覺照，以能在每個時刻看守住這顆心。如果你能恆常不斷地修煉覺照，在每個活動中，心會持續地處在中正不倚的狀態，就可以探測與檢驗洞見了。

在為水霸打入樁材時，也就是讓覺照堅固的第一個步驟，是專注於中正不倚這個基本立場。什麼都不必想，只要讓心堅固於中正不倚的狀態。如果你能持續下去，到時當心收攝回來時，你才有一個檢驗的標準。不過這個集中一處是你必須小心看住的一件事，以確保這不是一種不知不覺的不在乎。讓心穩定住著並集中一處，你坐下來禪修時才不會心不在焉或分神。坐時要挺直，保持穩定的覺照。你沒有其他事要做，只需讓心保持堅定與中正不倚，完全不思慮任何事。確保這個穩定能夠持續地維持。如果任何感受跳出來，不論如何，要讓心保持在中正不倚的狀態。譬如，如果有快樂或痛苦的感覺，不要專注在感覺上，只要專在心的穩定上，在那個穩定中有一種中正不倚的味道。

如果你小心地不讓心分神或心不在焉，專注便會持續。譬如，當你要靜坐一個小時，前半個小時像這樣專注於集中這顆心，確保心不會跑到任何地方去，直到時間到了為止。如果你改變姿勢，也只是身體外在的改變，在每一時候，當你站著、坐著、躺著或是任何姿勢的同時，心都維持在穩定集中及中正不倚的狀態。

覺照是一切關鍵，守住這顆心，不摻雜思想或是給事物貼標籤，每件事都必須停下來。在每一個呼吸的進出中，穩定地守護這個基礎，然後放鬆呼吸上的專注，同時維持心的中正不倚。如果你的專注很粗重，放鬆開來，讓它舒坦地與呼吸在一起。整整一個小時，心將能夠維持在這種狀態，沒有任何會將心帶離正道的念頭。這時要注意觀察，不論你做什麼或說什麼，心在正常向內的認知上一定要保持堅定。

如果心的內部是平穩的，你的各方面就受到了保護。當感官接觸出現時，在覺知心的平穩上要保持專注。若覺照有片刻閃失，要立即回到心的平穩上。除此之外，你不需做任何事。心會放下，不需你做其他的事。心一向浸淫在喜歡這個、討厭那個，在這兒向左轉、在那兒向右轉，而今這個現象不再發生了，心會保持中正不倚，平等，恰恰好。如果覺照衰微，你就即刻回到你的所緣。當心集中並對外境保持中正不偏的態度時，你是清楚的，同時要讓心持續保持在這種狀態。

覺照這個水霸的樁材必須被打進去，這樣覺照在你的每一個活動中才會是堅固且安全的。不論你正在做什麼，要繼續在這方面努力。如果你能訓練這顆心，讓穩定成為心的基本立場，心就不會調皮搗蛋了，不會給你惹麻煩，不會捏造思想，而會平靜下來。一旦心安靜並集中，就會變得更精細，開始探究以穿透自己，同時從內在知道自己集中專注的狀態。

讓專注維持穩定

至於感官的碰觸這些外在事物，不斷地生起並只為了要消逝，已經不再能吸引這顆已經專注下來的心了。興趣缺缺會讓貪愛消滅，就算你在身體疼痛生起時改變姿勢，心在那個時刻仍是安穩的，並不專注於疼痛，而是在自身的安穩上。當你變換姿勢時，由於循環的改善，同時疼痛的地方有喜悅的感受生起，在身體及心理上會有所反應，可是心不會繫於喜悅或痛苦上，而在中正不倚的狀態中保持穩定、集中與堅定。這種安穩會幫助你捨棄隱藏在所有感受中的貪愛。不過，如果你事先不把心保持在集中不偏倚的狀態，貪愛就會製造混亂，心就會開始想改變周遭事物，以得到這種或那種快樂。

如果你反覆地練習，不斷在這一點上努力，就像將樁材打入地裡一樣，打得愈深就愈不會動搖，此時你才能夠禁得起感官的接觸，否則這顆心在追逐色、聲、香、味、觸時，會開始在所勾勒出來的思想中翻騰不已。有時候，心不斷地重複勾勒同樣一個陳舊、無關緊要的問題，這是因為覺照的樁材尚未堅定地打下去。我們的人生一路顛簸地走過來，由於沒有持續地修煉覺照的工夫，讓心能堅固地集中並處於中正不倚的狀態，因此我們必須把覺照的水霸建得更堅固及安全。

心的集中是我們必須在每一個活動、每一個呼吸中培養的，這樣才能夠看透幻想，一路看到無常與無我的真理。否則心會像一隻調皮的猴子，岔到這裡及那裡。然而，連猴子都能被馴伏並訓練來表演把戲，同樣的，心也是可以訓練的。可是如果你不將心綁在覺照的樁子上，並讓它嘗一嘗竹條的味道，心將難以調伏。

在訓練這顆心的時候，不要過於強迫，也不要一味地順著它的習慣，你必須測驗自己看看得到的結果是什麼。如果你無法讓覺照專注下來，它很快就會去追逐內心的牽掛，或在感官物的撞擊下搖擺不定。人們放任自己的心隨著事物而遷流，是因為他們尚未把覺照修煉得像一個實心的台子，一旦這樣，他們不能停止並安靜下來，心就無法解脫。這就是為什麼我們必須在為水霸打樁材時，要打得扎實。不論坐著、站著、走著或躺著，都要保持心的穩定和集中，那麼這種穩定將能承受一切事物。你的覺照將與它的基礎合在一起，正如一隻被綁在椅子上的猴子一樣，無法跑走或出去搗鬼，只能圍著栓住的椅子繞圈子。

持續訓練這顆心，直到心被調伏，能夠安定下來並檢測事物為止。如果心依舊四處放蕩的話，就不會有任何用處。你必須訓練心，直到它熟悉內在的安穩究竟是什麼樣子為止。如果在訓練上不用心或搖擺不定，心將會與心行和心思糾纏在一起，與那些生起、然後消滅的事物攪和在一起。你必須停止這些。為什麼心那麼調皮呢？為什麼心那麼散亂呢？為什麼心不斷地溜走呢？要把心控制住！讓心停下來，安定並集中起來。

在這個階段裡，你們都修煉到足以得到至少一點集中專注的滋味，下一步是要運用覺照，讓你在每個活動中能夠保持專注，那麼即使分神，也只會持續片刻，而不會轉變成持久的問題。不斷地把椿材打進去，直到堅固得足以支撐外物的撞擊，直到那些從內部跑到外面去的心行和心思都被強制寂靜下來為止。

這個訓練並非那麼艱難，重點在於不論選擇何種禪修方法，都要保持覺照，並覺知那集中且中正不倚的心態。當心跑去追逐外物時，要不斷地把它帶回到它的集中點。最後，心會在自己的立場上保持穩定，覺照會一直都在，而且不變化，能夠去探究並檢測。因為當心真正安定下來時，就有力量能夠清楚地解讀含藏於自身的事實。如果心不聚焦的話，會與所有東西混在一起來愚弄你，從這個問題轉到那個，從這個角色到那個；可是心若是集中的話，你將能從每一個面向消滅一切，包括所有的煩惱、貪愛及執著。

你在集中此心時所付出的努力與毅力，是修行最重要的關鍵。一旦心堅定下來，將能承受痛苦與煩惱，不被染污或動搖，正如水霸的樁材能承受風暴而不被憾動。你必須對這種心態有非常清楚的覺知，才不會喜歡這個或痛恨那個，於是這種狀態會成為你探究、檢測及深刻地看清一切洞見的起始點。可是你必須確保集中是持續的，這時，你不必思考任何事，只需深刻並細微地向內觀察。

重點是你要戒除心不在焉及分神，在這裡面就滅除了許多迷惑與愚痴，同時不留空隙讓貪愛得以把心攪動起來並出去亂跑。這是因為我們事先已經把立場奠定好了，就算偏離了一點正常的平衡狀態，也會立刻回到定力的穩定上。如果我們一再一再地回來，心的穩定以及持續不已的覺照就會幫助我們去探究無常、苦與無我的真相。

開始時不必作任何探究，只要專注在立場的穩定上，這樣比較恰當。因為如果你在心還未真正集中與穩定時就開始探究，會變得散亂。所以，專注於將集中訂為心的基本點，之後再開始愈來愈深的探究。這會產生洞見，會變得愈來愈有力量與深度，將心帶到一個自由的境界，在那兒，心將不再被煩惱干擾。

這樣會令你成為感官真正的掌控者。在初開始時，你無法真正發揮任何對眼睛與耳朵的約束，可是一旦心安穩地集中時，眼、耳、鼻、舌與身就會自動被調伏。如果缺乏覺照與覺知，你無法控制自己的眼睛，因為心會想要運用眼睛四處去看，會想要運用耳朵去聽各類的事情。因此，與其約束外在的各種感官，你應該對內施展約束，就在心上，讓心自始至終都安穩地集中起來，並處於中正不倚的狀態。不論你正在做什麼或說什麼，心的專注一直安放在正確的地方。一旦做到這一點，你就會將所有的感官物視為毫無意義，不必再跟事物過不去——「這個好，我喜歡；這個不好，我不喜歡。這個漂亮；那個醜陋。」在聽到聲音這方面，也是同樣的反應，你不再跟聲音過不去了，反而專注在心的中正不倚、不黏著的集中狀態上。這就是中正不倚的根本基礎所在。

當你能做到這一點，每樣事物都變成中性的。當眼睛看到一個色相時，它是中性的；當耳朵聽到一個聲音時，聲音是中性的——每樣事物都是中性的。因為我們已經將六個感官之門的其中五扇關上了，於是自己便安定於心的中正不倚上，這便把所有的事都擺平了。不論眼睛會看到什麼、耳朵會聽到什麼、鼻子會嗅到什麼、舌頭會嚐到什麼或身體會觸到什麼，心完全不會跟任何事過不去，只是維持在集中、中正不倚以及不偏倚的狀態。就記住這些，著手去試試吧！

回到日常生活中接受測驗

在接下來的七天裡，我要你們刻意地將覺照放在心上，因為這是雨安居的目標，在這期間，荷花與蓮花都將於雨安居結束後盛開。佛陀在世時，在雨安居的期間，他會要資深比丘訓練新出家的比丘，然後他會在蓮花與荷花盛開時會見他們。如果你的心持續地穩定著，那麼心會愈來愈健壯。心會健壯是因為沒有被煩惱所灼燒、干擾或激怒。所以接下來的七天裡，要特別精進不間斷地觀察和檢測這個集中、不偏不倚的心態。當然，如果你睡著了，那就睡吧！可是當你要躺下來睡覺時，試著保持心的集中與不偏不倚，直到睡著為止。當你醒過來時，心的活動將仍保持在那集中、不偏不倚的狀態。嘗試看看，當你的心變得平靜、安詳，並消滅煩惱、貪愛、痛苦等一切事物，這時候，注意觀察心是不是開始健壯起來了。

一種清新之感，一片寧靜的心，不為煩惱所擾動，將自行生起。除了保持平穩與集中外，你什麼都不用做。如果你的心安住在本身的定力中，煩惱就不能灼燒或擾亂它，這是你的保證。欲望也無法挑逗你的心，當定力穩定時，由強烈的情欲、瞋恨與迷惑所生的火焰將無法灼燒它。你試著去看看一個安穩的心是如何堪忍住迷惑、消滅和逼迫，並且熄滅各式各樣的火焰。不過在修行之道上，在付出心力以維持覺照的連續不斷上，你必須要懇切。這不能開玩笑，你不可以讓自己變得軟弱，一旦你軟弱下來，就無法抵抗任何事物，只會順著煩惱及貪愛的挑動而行。

修行便是當停歇下來時，心便也安定並穩住，是一件不要調皮搗蛋、不四處闖蕩及捲入各類問題的事。試著保持心的穩定。在你全部的行動中，如吃啊、拉啊或任何事，都要保持心能夠集中於內。如果你知道心什麼時候是集中的、不動搖的、不軟弱的，那麼心的根本立場會是自由的與空的。沒有東西能夠灼燒空，而空是因為沒有執著的緣故，這便是令你在每一剎那尋覓心之安穩的東西，保護你不受各種事物的干擾。所有對於自我、「我」與「他們」的執著全部被清除了，心全然地集中。如果你能在七天裡保持這種穩定狀態，就能完全靠著自己而獲得洞見。

因此，我要求你們檢視自己看看是否能撐到底，每一天都要仔細檢測看看自己修得如何。不要讓自己放鬆，有時候穩定，有時候不穩定。要努力讓心全然地堅固，不要讓自己軟弱下來。如果你想真正做到熄滅痛苦與逼迫，就必須真心對待自己的所作所為。如果你不真心誠意的話，在面對想要這個或那個，想做這個或那個，或任何其他事的挑釁時，就會軟弱下來，正如你長久以來成為欲望的奴隸一樣。

日常生活便是你能測驗自己的地方，所以回到戰場上去吧！穩穩地立在中正不倚的立場，那麼與心接觸的各種對象就會是中性的。心本身將集中於中正不倚上，不再有好或壞的問題。一切事物都停在中性上，因為事物本身並不是好的、壞的、「自我」、或任何其他東西，只不過因為心跑出去找它們的麻煩罷了。

所以，要繼續向內觀察，直到不間斷地看到心的中正不倚以及沒有「自我」為止，那麼你將會看到這棵心蓮如何綻放開來。如果蓮花還沒有開，是因為它正被悶在心中的煩惱、貪愛及執著的熱浪下而漸漸枯萎，可是最後你終會學習把它們驅趕出去並消滅。如果你不這樣做，這株蓮花將會枯萎，花瓣會謝落並腐敗。所以要努力保持這株蓮花的穩定，直到開花為止。不要去遐想花開之後的情景，只要穩定住並確保它不被煩惱灼燒就好了。

內在的戰鬥

在培養覺照以作為觀察內在真相的基礎時，必須運用一定程度的努力以及相應於這個工程的毅力，這是因為正如我們都知道的，這顆心沾滿了煩惱及各種隨眠的煩惱。如果我們不訓練或強制這顆心的話，它會軟弱並鬆懈，不會有任何力量。如果希望自己的觀察和檢測能夠穿透到清楚的洞見，就必須不斷地堅持下去。

清楚的洞見並非來自於思維或揣測，而是來自於檢測這顆集中到相當程度安定與平穩的心。當心是中正不倚並安靜的，沒有任何心行或心思，以及喜愛或不喜愛時，你深刻地觀察心的每個層面。你必須努力保持這種狀態，同時也深刻地檢視，因為表層的知見並非真實的知見，只要你還沒有深刻地檢測到這顆心，你其實並不真的明白任何事。表面上心可能是平靜的，可是在煩惱、貪愛及執著的影響下，你對於這顆動蕩不安的心的解讀就會不清楚了。

所以，你必須仔細觀察自己，直到達到一個程度的覺知為止，這能維持自己的平衡，並且讓你任意思維和觀察以獲得更敏銳的理解。如果你不思維和觀察以得到真實智慧的話，覺照就只會停留在表層。

在思維和觀察身體時，也要用同樣的理則：你必須深刻地探究身體是如何地不淨，以及身體是如何地由物質元素所組成，這便是解讀以了解這個身體的意義所在。藉由在所有活動中探究自己，防止心偏離正道，你保持專注於觀察覺照如何將生起的煩惱燒毀掉，這是一個非常精細的工作。

要謹慎地不讓自己因外在事物而分神，這樣就會讓修行平順地進行，使你能夠善巧地檢查心中的隨眠煩惱，這樣就能滅除那些最微細的無明與愚痴。通常我們連已經很囂張的隨眠煩惱都不全然覺知，可是現在這些囂張都因為這顆心牢固的專注而不活動了，我們因而可以看得更深層，並且識破貪愛與煩惱在化成行動時的騙局。如果我們看住並進一步認清，便處於優勢，一旦心跑出去尋找誘人的色、聲、香與味時，就捨棄掉。不論所尋找的是物質的美味，也就是身體上的喜悅，還是精神的美味。即使這些不容易被識破，但我們仍必須從各方面加以探究，因為我們渴求生理的喜悅。

我們欲求快樂，全部的分別、心行、心思以及心態都充滿喜悅的感受，其實不外乎是對幻想和對令我們著迷與分神的事物有所欲求罷了。結果，要我們深入地了解任何事物因而變得更不容易了。

這些是微細的事都出現於「欲貪」一詞之下，那個挑動這顆心的欲求、渴望與熱愛，讓心跑到外面去尋求仍然記得的那些從過去的色、聲、香、味與觸的感受中所生的喜悅。就算這些事發生在很久以前，我們的認知仍將它們帶回來，並以它們是好的或壞的來欺騙我們。一旦我們執著了，它們便染污並撩撥起這顆心。

所以，要檢查並了解心內各式各樣不同的眠伏中的種子並不簡單，外在那些我們已經知道並放下的事物，只是些不重要的對手，所有重量級的對手全都聚集起來控制這顆心，而且不論你如何努力試著驅逐都不會動搖，反而固執又堅定地把權。如果你在自己的覺照與覺知還未能與它們一搏時就對抗的話，將落得失去內在的平靜。

所以要確保自己在修行之道上不操之過急，同時也不可太懈怠，尋找恰到好處的中道。當你這樣修行時，將能觀察到當心受到覺照與覺知管理時，會是什麼樣子，然後努力維持那種狀態，一直保持住。這時候，心將有機會停下來並靜止，變得能夠穩定並集中好長一段時間，直到習慣於那個狀態為止。

現在，有些地方我們必須強迫這顆心並且嚴厲以對。如果你軟弱並鬆懈，長久以來都屈服於自己的希求的話，就不可能會成功。如果我們只是不斷地屈服，會變得比習慣還可怕。所以你必須使出力量，也就是自己意志的力量以及覺照與覺知的力量，就算到了危及生命的地步，也要心甘情願。當必須嚴肅的時候到來時，就必須挺住，直到得勝而歸為止。如果還沒獲得勝利，不要放棄，要發願強制自己克服對樂受頑固的追求，因為這些誘惑會令你步入歧途。

如果你軟弱並滿足於任何出現在當下的喜悅的話，當欲望來襲時，就會被騙去。如果你經常屈服於自己的欲望，會變成一種慣性，因為煩惱總是在尋找機會誘惑、挑逗你。當我們試著戒除某一種癮，如對咖啡、香煙或肉類的癮，會很困難，因為貪愛總愛出來誘惑我們。「就只是一點點嘛，」貪愛說道。「就只嚐一下，沒關係的。」貪愛曉得如何愚弄我們，就像魚兒被環繞在釣鉤周圍的餌所愚弄而上鉤一樣，牠鼓起勇氣去吃一小口，然後再多一點，再多一點，直到被鉤住為止。一旦我們被美味騙去，就註定要上鉤了，不論如何努力地掙扎與扭動，都無法掙脫開來。

練習在當下摧毀煩惱

你必須明白要戰勝心中的貪愛與煩惱這個敵人，並不是一件小事，更不是一件尋常的事。你不可以讓自己變得軟弱或鬆懈，可是你也必須衡量自己的力量。煩惱與貪愛有著魔王一般的力量，所以你必須思考如何最有效地施展自己的力量，以克服並摧毀它們。你不必每次都戰鬥到瀕臨死亡，藉助某些東西，譬如戒除各種癮，就能發動一個全面的戰役，而且能得勝而歸，不至於在中途喪命。可是藉助其他東西，如果是比較微細與深刻的，你就必須更敏銳才行。你必須構思如何在長期抗戰中加以克服，藉由挖掘它們的根，令它們逐漸虛弱到你的覺照與覺知可以完全壓過它們為止。如果有些地方你鬥不過，可以停下來並以敏覺力加以省察，以查出其中原因，否則你會繼續輸下去，因為各種煩惱真正想要某個東西時，會志在必得地略過你的覺照與覺知。「這是我所要的，我才不管別人怎麼說。」它們就是這麼固執！所以，想出謀略並控制它，並非小事，就像遭遇一位敵人或面臨一隻衝過來要吞噬你的猛獸一樣，你準備怎麼應付呢？

當煩惱在眼前生起時，你必須小心。如果你有足夠的覺知，突然間，煩惱湧上來對抗你的話，你將使用什麼樣的覺照與覺知來消滅它們呢？「這些是魔王的民眾，前來焚燒並吞噬我。我應該怎麼消滅它們呢？」你能回答自己嗎？換句話說，你能找到一個善巧的方法去思維並觀察，同時就在當下將煩惱摧毀嗎？

我們必須找到這個方法，不管所面臨的是身體上或心理上的痛苦與喜悅。事實上，喜悅比起痛苦更靠不住，因為喜悅更難被察覺，而且我們很容易被喜悅所矇騙。

至於痛苦，沒有人會被它矇騙，因為它是那麼地令人不舒服。因此，我們應當如何思維並觀察，才能放下喜悅與痛苦這二者呢？這是我們每一時刻都要面臨的問題。並不是當我們修行時只接受喜悅的事，而碰到痛苦時便停下來。情況不是這樣。我們必須學習解讀兩個方面：看到痛苦是無常的，是苦的；喜悅是無常的，也是苦的。我們必須清楚地穿透這些不同的事，否則會被那些虛假的、追逐喜悅的貪愛所欺騙。我們的每一個活動，不論坐著、站著、走著、躺著，都是為了喜悅的緣故，不是嗎？

這便是為什麼有許許多多的方式讓我們被喜悅所迷惑。我們不管做什麼，都是為了喜悅的緣故而做，卻不明白這如何地令自己深陷於痛苦與逼迫中。當我們思維並觀察無常、苦與無我時，我們的思維與觀察並沒有進步，這是因為我們還沒有看穿喜悅，依然認為這是一件好事。我們必須探究這個事實：在生理與心理的喜悅中，沒有真正的安樂，全都是苦。當你能夠以這個角度來看待喜悅，才是真正地了解無常。

此時，心一旦不總是專注於求得喜悅時，逼迫與痛苦就會減輕，你將能夠視喜悅為普通正常的事。你會明白，無論你如何努力地試著改變痛苦以尋求安樂，卻沒有安樂可尋，於是你不會過分地試圖改變痛苦，你明白了在蘊集中沒有喜悅與安樂，它們除了帶來逼迫與痛苦之外，什麼都沒有。從每天所唱誦的佛陀教誡裡，我們知道：「色是苦，受、想、行與識都是苦。」問題是我們還沒有在自己的色、受、想、行與識中檢查到這個真相。我們的洞見並沒有穿透，所找到的除了痛苦之外，什麼都沒有，卻錯誤地將它視為喜悅。這顯示我們仍未打開自己的耳朵與眼睛，依然不認識真理。不過，一旦我們真的認識了真理，心就會趨向於寂靜與安定，而非跑出去追逐快樂。一旦心明白以這種方法無法找到真正的快樂時，便會安定下來並住於寂靜中。

所有挑動這顆心讓它不安定的貪愛，除了對喜悅的渴望之外，什麼實質的都沒有，所以我們必須明白這些蘊集是拿不出什麼喜悅的，它們的本性就是苦的，並不是我們，也不是我們的。將它們分開並好好端詳，從身體開始，分析這個身體直到所組成的元素為止，這樣，心就不會老是執著為「我」或「我的」。你必須一再地這樣做，直到真正了解為止。

每一天，我們唱念著使用四種資身物時的思維：飲食、衣服、住處與醫藥，以獲得真正的理解。如果我們不每天這樣做，就會忘記並糊塗到既愛又憂慮這個身體，相信這是「我的身體」，是「我自己」。不論我們多麼一次又一次地執著於此，縱使能接觸到佛陀的教導，而且佛陀的教導也完整說明了每件事物，我們還是很難明白自己所做的事。我們也許會在某個程度上思維並觀察，可是卻沒有看清楚，只是以一種模糊不清的方式看，之後就倏地跑掉了，沒有覺知，也沒有探究到足以窺見全貌。會這樣，是因為心並未穩定地集中，還不平靜，不斷地跑走，胡思亂想，把自己搞得心煩意亂，完全無法洞識任何事物，所認識的只是些許覺知而已。心會成為這副德行，天曉得已經多少年了，彷彿我們的視力被一個從來就沒有被去除掉的點遮住一樣。

那些對探究沒有興趣、不付出努力以探究真相的人，是完全不會思考任何事的，他們沒有疑問，很好，但這是因為迷惑已經重重地覆蓋了全部疑問。如果我們開始探索並思維，便會開始思考：「這個是什麼？它是什麼意思？我應該如何處理？」這些問題引導我們去探索。如果我們不這麼做，是因為我們根本沒有智慧。或許我們會得到一丁點洞見，可是我們就讓它們通過了，卻從來不深刻地探究這個修法的基本原理。我們真的知道的那一丁點，並不能有任何進展，不能穿透聖諦，因為我們的覺照與覺知的力量不足，毅力不夠有彈性，不夠勇敢，令我們不敢去深看自己的內在。

修行要走多遠才算充分，若我們信任自己對這件事的評估，就是在欺騙自己，障礙了我們從痛苦與逼迫中得到解脫。如果你正好有了些許洞見，不要四處吹噓，否則你會搞得在無以算計的方面欺騙自己。那些真正了知的人，即使已經得到各種階段的洞見，還是謹慎地繼續探索下去，而不會停滯在這個或那個階段。就算他們的洞見是正確的，也不會在那兒停留並吹噓，因為這是笨人的行徑。

誠實面對內在的一切

聰明的人即使已清楚地洞見事物，仍會留意，並進一步穿透躲藏在前面那更深層、更微細的層面裡，隨時準備攻擊他們的敵人。他們沒有這個或那個層面就足夠了的想法，因為怎麼可能會足夠呢？就算你的知識可能是真實的，你的心還得為它自己奠定一個基礎，怎麼可以就此自滿呢？

當你以覺照與覺知來檢查時，自滿是個大問題。如果你想追隨生命總是不斷逝去，並在每一剎那消逝這個事實，修行時就必須謹慎。你應該如何生活，才能稱為謹慎呢？這是非常重要的問題，因為如果你不能覺知這一點，不管禪修或約束根門多少天或多少個月，也只不過是一個短暫的運動罷了。當你做完運動後，回到你同樣混亂的老家去吧！

注意你的口。你很難不吹噓，因為煩惱將挑逗你去說話，煩惱想要說話，想要吹噓，不願讓你保持沉默。

如果你強迫自己修行，卻不了解修行的目的，就會欺騙自己，四處去告訴人們：「我在沉默中修煉了多少天、多少個月。」這是欺騙自己，也欺騙別人。事實的真相是，如果沒有證悟修行為何的話，你仍是愚痴的奴隸，服從於內在許多層的煩惱與貪

瑜伽安全練習全書
—— 捨棄積非成是的瑜伽迷思，找出適合自己的體位練習！

作者／茱蒂絲·漢森·拉薩特博士／物理治療師（Judith Hanson Lasater, PhD, PT）
譯者／林資香　定價／550元

★避免在瑜伽練習中受傷的必備指南★
瑜伽導師、物理治療師、身體工作專家茱蒂絲·漢森·拉薩特
將帶你好好認識瑜伽姿勢、糾正瑜伽誤解！

作者汲取近五十年的瑜伽導師與物理治療師經驗，針對瑜伽練習中最常見的錯誤，提供糾正這些錯誤的明確指示。本書將著重於對我們的練習最有害的11個「迷思」，透過逐步的指示和指導性照片，全面討論迷思是什麼、為什麼會傷害我們，以及我們該如何避免。

希塔療癒
—— 找到你的靈魂伴侶

作者／維安娜·斯蒂博（Vianna Stibal）
譯者／安老師（陳育齡）　定價／500元

希塔療癒最浪漫的真愛之書——
有助於鞏固或維繫現有的關係，也能顯現未來的伴侶。

「我有辦法找到我的靈魂伴侶嗎？」
本書以維安娜自己的經驗為基礎，解釋如何使用希塔療癒將你的靈魂伴侶帶入生命中。書中詳細介紹靈魂伴侶的七大類型，以及如何找到人生Soulmate的指引。如果你已經找到了，此書還能維繫、增進你們之間的感情。

認識你的能量光環

作者／裘蒂絲·柯林斯（Judith Collins）
譯者／薛亞冬　定價／500元

你有沒有在第一次見到某人時，就覺得自己已經認識他了？
了解自己的能量光環，就能了解自己和生命中遇到的每個人。

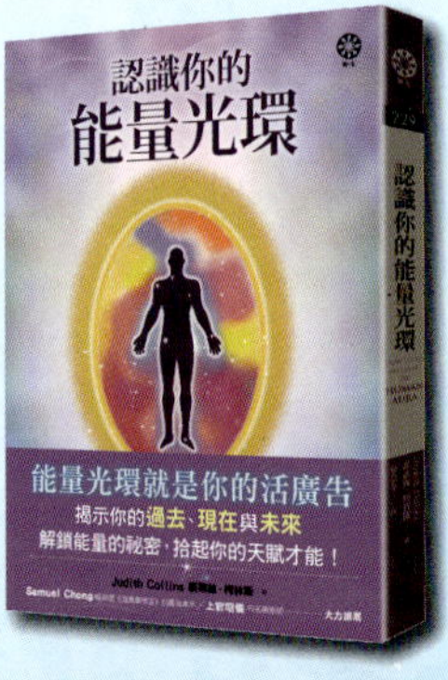

裘蒂絲·柯林斯自小便能看見人體周圍電磁場發出的光，也就是能量光環。隨著閱歷增長，她學會分析光環體及解讀其中各式顏色的意義。本書中，作者毫無保留地分享她與眾不同的成長歷程及豐富的個案故事，讓我們一窺「超能力者」的生活。而這樣的「超能力」其實是我們生來就有的，只要跟隨本書的步驟練習，你也可以掌握！

逐跡佛陀
—— 巴利古籍所載的佛陀生平

作者／達彌卡法師（Bhante Shravasti Dhammika）
譯者／伍煥炤　定價／460元

佛陀是怎樣的人？他如何與人相處？
從最悠久的巴利三藏文獻，看最真實的佛陀生平事蹟！
再現2500年前的印度，跟隨佛陀塵土上的足跡！

這是根據佛陀生平的最早記錄——巴利三藏古籍撰寫的佛陀傳記。達彌卡法師引用大量經文，通過嚴謹的論證和推敲，完整地把佛陀的一生呈現在讀者眼前。沒有華麗的傳奇故事而盡顯真實——這就是最初幾代佛教徒眼中的佛陀，而不僅是讓佛陀更符合現代人的想像。

不是挪威的森林
—— 噶陀格澤仁波切開示錄

作者／噶陀格澤仁波切
譯者／丹增暐傑　定價／360元

身處寂靜山林固然是修行的順緣，
但真正的目的是要讓心回到最幽靜的狀態，
那樣的心本身即是怡人的森林。

本書收錄的〈怡人森林教言〉出自寧瑪派祖師龍欽巴尊者之筆。這場開示裡，有龍欽巴尊者與格澤仁波切的苦口婆心，為的是讓有緣的弟子，能身體力行前往幽靜森林實修。

明鏡智慧：108禪修覺醒卡
(108張手繪中英牌卡+中英說明頁+精美硬殼收藏盒)

作者／涅頓秋林仁波切（Neten Chokling Rinpoche）
繪者／扎西嘉日（Tashi Gyari）　定價／999元

走在靈性道路上的人們，有時可能會被大量資訊淹沒。
生活中感到迷茫困惑的你，需要被簡單指引——
我們都有潛力回到最初的良善。

涅頓秋林仁波切透過自己修持的體悟，用簡單的文字提醒自己及各位讀者，終其一生學習很多教法的人，有時也會輕易忘記重要的部分。仁波切將佛法中某些關鍵性的觀點，彙整成108句簡短的人生格言，搭配繪者心中的感受、夢境及圖像，加以創作轉化成繪畫，是一種對於當下生活現況最直觀的反應。

馬哈希大師
內觀手冊

作者／馬哈希大師（Mahāsi Sayadaw）
譯者／溫宗堃、何孟玲
定價／800元

正念運動的源頭——馬哈希念處內觀禪法
通往解脫的原始佛陀教法
最高品質的佛法典籍，內觀修習者的必讀之書

本書是內觀禪修傳統的「祖父」——馬哈希大師的鉅著。大師兼備廣博的巴利佛典知識及源自深刻禪修而得的智慧，在當代上座部佛教中最具權威。本書中，大師清晰地呈現能令人解脫的佛陀八支聖道的實踐方法，整合了最深奧的理論知識和最直接易行的實修教導，是修行者通往解脫的直捷道路。

「祈願依循此書而修行的善人，能在今生證得道果、涅槃。
這就是我撰寫此手冊的心意所在。」

——馬哈希大師

橡樹林全書系書目　　橡樹林好書分享

橡樹林

愛。一旦某個人誇讚你，你就真的豎起耳朵，搖晃著尾巴，不但不說明自己所發現存在於內部的煩惱與貪愛的過患，反而去吹噓。

所以，修煉佛法不是一件可以糊里糊塗矇混過去的事，必須全力以赴才行。當你以一種謹慎的態度來思維和觀察時，會明白沒有任何事物值得著迷，每個事物的內外兩面，除了是幻覺之外，別無他物。就像獨自漂流在大海中，看不到島，也靠不到岸，你還能輕鬆悠閒地坐著，付出短暫的努力，然後吹噓一番嗎？當然不行啦！當你向內審查並穿透到心更微細的層面時，必須更安定與慎重，就像人們長大後愈來愈謹慎一樣。為了明瞭生起事物的是非對錯，覺照與覺知必須更加成熟，這樣才能幫助你放下並得到解脫，讓你在真實修習佛法的人生中，順利前進。否則，你會愚弄自己，到處去吹噓，即使花了許多年在禪修，最後卻發現自己比以前還差，於是煩惱便肆無忌憚地揚起。如果這是你所走的路，會落得栽跟斗並跌到火坑裡——因為你驕傲地揚著頭，衝進已經在心內燃燒的火焰中。

修行意味著運用覺照與覺知的火作為抗火劑，以熄滅煩惱的烈焰。因為心靈被煩惱之火點燃，當我們用覺照與覺知的火來熄滅煩惱之火時，心會平靜下來。藉由增長對自己的誠實度來修習這一點，不要留下任何可供煩惱與貪愛以巧妙的手段混進來操控的縫隙。你必須有所警覺並謹慎，要有智慧，不要被煩惱與貪愛矇騙！如果你被煩惱和貪愛所提出的任何理由矇騙，就表示你的覺照與覺知力仍是軟弱的。你會被牽著鼻子走，被煩惱與貪愛之火焚燒，卻依然張著大嘴繼續吹噓！

所以應該反過來，停下來仔細看看內在的一切，從每個角度來檢視，因為每件事的對與錯、是與非，都在於你的內心。你不可以到外面去找，人們傷害到你的事，比起當你所感受到的「我」與「我的」抬起頭時，內在的煩惱灼燒你所導致的傷害，前者的傷害簡直不值一提。

如果你不誠實地面對自己的感官，在法的修行上就不可能使你從痛苦與逼迫的大苦聚中解脫出來。你或許能夠得到一丁點知識，並放下少許東西，可是問題的根源依舊根深柢固地埋藏著，你必須挖出來，不能只在短暫的空無與平等心之後就放鬆，那是成不了事的。煩惱以及隨眠煩惱隱藏在性格深處，你必須運用覺照與覺知深透到內層，作個準確與徹底的檢查。只有這時候你才會得到結果，否則若只停留在表層，即便修煉到身體在棺木中腐朽了，你的根本習慣也不會有任何改變。

那些天性謹慎、知道如何思維並觀察自己毛病的人，會對心中所生起的驕傲徵兆持續保持警覺，並試圖控制並從每個面向摧毀自負，不容許它膨脹。在修行上，檢查並摧毀心中隨眠煩惱所需運用的方法，並不容易上手。對於不徹底思維及觀察的人，這種修行正好增長了他們的驕慢和吹噓，以及想要教導別人的欲望。可是如果我們轉而向內檢視自我的騙局與自負，一種很深的不再著迷以及悲傷的感覺會生起，讓我們對於自己是那麼愚蠢地四處遊走、如此地愚弄自己、在修行上仍需付出這麼大的努力感到可悲。

所以，不管如何地痛苦與苦悶，淚水不停地洗刷我們的雙頰，仍要不屈不撓！修行並不是一件只在尋找生理與心理快感的事。「就讓淚水洗刷我的雙頰吧！只要我還活著，就要在聖道生活上以自己的奮鬥精神堅持下去。」這才是修行應該抱持的態度！不要一起步就放棄，心想：「這簡直是浪費時間，我寧願順從我的貪愛與煩惱。」你不可以這樣想！你必須採取相反的立場：「當貪愛與煩惱誘惑我去抓取這個、去拿很多的那個時，我偏不幹！不論這個對象多麼地美妙迷人，我都不要吞食那個誘餌。」發表一個堅決的宣言，這是唯一能得到結果的方法，否則你將永遠無法解脫，因為煩惱在袖子裡藏著各式各樣的戲法，如果你對某個戲法開竅了，它們就換另一個，然後又是一個。

如果我們不夠敏銳以識破煩惱如何以各種方式欺騙我們，就是沒有認識到心內的真相。別人偶爾可以瞞騙我們，可是煩惱一直都在欺瞞我們，我們被騙了，並完全隨順著它們。我們對於佛陀的信心完全不能跟對煩惱的信心相比，我們是貪愛魔王的弟子，被帶領著往貪愛之林的深處而去。

如果不為自己而看到這一點，就會迷失在森林的棄屍場，在那兒，鬼魅不斷地燒烤我們，讓我們因欲望與各式各樣的壓迫而坐立不安。就算你停留在一個干擾很少的地方，譬如這個道場，這些魔怪仍有辦法誘惑你。就看看當你看到好吃的東西時，口水如何地流出來就知道了。所以，你必須決定要作個戰士，還是敗將。修行是要求你去跟煩惱與貪愛戰鬥，不論它們使出什麼招術來引誘及欺騙你，都要一直看住自己。別人無法說服你去跟從煩惱與貪愛，可是你的煩惱之魔卻做得到，因為你信任它們並同意成為奴隸。你必須仔細思維和觀察，才不會成為它們的奴隸，並將達到徹底的解脫自在。培養你的覺照與覺知，得到清楚的洞見，然後放下，直到痛苦與逼迫在各方面消滅為止。

停下來，觀察，然後放下

討論修行是為了提醒自己並得到愈來愈好的結果，如果不討論這些，在面臨心行和心思時就可能會軟弱，尤其我們是那麼習慣於操弄事物。訓練心安靜下來必須非常謹慎，因為心基本上是不守規矩而且完全不同的，不容易屈服於覺照與覺知的監督。所以，我們必須培養以適當的方法控制心的知識。

要讓心屈服於覺照與覺知的控制下，我們必須停下來觀察並覺知。我們很難理解心是如何捏塑出來以及如何被覺知出來的，因為心喜歡隨著自己的心行和心思四處遛達。如果我們想在心之上覺知心的本身，就必須好好訓練它。學習監督自己的心，而將心置於覺照與覺知的控制下是需要時間的。

你必須運用觀察力及評斷力。如果你不持續觀察與評斷，並視為修行的一部分，心很快會溜走並被牽掛帶著四處跑。這個的旅遊除了帶給你痛苦與逼迫外，什麼都沒有，你得不到一點好處。這顆心只是跑到外面去找麻煩，不管你喜不喜歡，你都抓取它們並轉變成痛苦。眼睛、耳朵及其他的感官之門，是心在看到形相、聽到聲音或注意到其他感官物時所穿越的橋樑。在感官門頭，你如何使出細心與約束力，令它們受制於你的覺照威力之下呢？你必須專注地觀察並傾聽所得出的結果。如果你不運用觀察力與評斷力，可能會執著於所看到或聽到的感受，之後你就貼上標籤，從而再衍生其他事物，又以愛恨之心來執著，直到你的心處於困惑之中為止。

觀察在每一個根門所產生的感受，視為只是發生的感受，如此而已，而不是我們感受到這些東西。當眼睛看到形相時，並不是我們看到形相，而是藉由眼識看到形相罷了。在那個點上，還沒有任何視覺上好的或壞的標籤，沒有任何思想隨著感官接觸而產生，我們只不過看著單純的感受，便在當下停下來，去觀察感受消滅時以及被一個新的感受所取代時的特性。我們持續觀察感受的逝去，直到了解這只不過是眼睛與耳朵的特性而已：去記錄不同的感受，這樣就不會執著到一個程度，像以前一樣製造痛苦與逼迫。

如果我們不仔細觀察並看到這種自然的生起與消滅，就會把一切都搞亂了。譬如，當眼睛看的時候，我們以為是自己在看。所看到的東西也許會令我們感到開心或不開心，產生喜悅或痛苦，於是我們便執著到足以污染這顆心的程度。如果你不細心觀察的話，每一件進入感官之門的事物就會演變成心行或心思，進而影響這顆心。接著便產生痛苦，因為只要眼睛看到形相，耳朵聽到聲音，執著的力量會令你無法察覺這些只不過是生起，持續，然後消滅而已。

我們如何從這些事物中解脫，才不會一直依戀呢？當我們在看、在聽時，應該怎麼注意呢？我們必須持續觀察這顆心，當看到一個形相時，如果有覺照的話，心就能保持中正不倚，而不會覺得開心或不開心。當耳朵聽到聲音時，如果我們留意的話，就能確保心不會對這個聲音感到喜悅或不喜悅。對於香、味、觸與法的處理，也是這樣。我們必須專注於這顆心，才是掌控的要素與核心。如果我們約束這顆心，然後在心之上、在心的自身，不斷守護所有根門，那麼眼睛看到形相時將受到約束，糾纏的時間會縮短。當耳朵聽到聲音時，心維持在不偏倚的狀態，專注於聲音的生起與消滅，或在聲音不斷來去中覺知感受。如果不培養這個習慣，一切都會陷入混亂中。由於心缺乏約束力，各種痛苦應運而生，除了執著並感覺有個自我之外，一無所有。這可是我們都經驗過的。

守護根門的戒，是非常微細層面、也是非常有用的戒。如果培養這個層面的戒，其他層面的戒也會變得更清淨。如果你不在眼、耳、鼻等處施以約束，五戒、八戒或十戒就無法維持穩定，將輕易地受到染污。如果眼這個橋樑沒有被約束的話，會將它的注意力放在外面，這樣一來，違犯規矩就成為世界上最容易的事了。如果你允許心習慣於追逐外在的牽掛，一切都將陷入困境。困境就起源於心，然後擴散到你的語言與行為，以致於你以錯誤的方式說話和行動。

如果我們試著持守戒律卻不約束感官根門，所持守的戒將不會清淨。這是因為我們在看與聽時不細心，因此無法覺知欲望、貪愛及煩惱是如何在眼睛看到形相或耳朵聽到聲音時生起。那個在我們的戒法中鑿出漏洞的東西，便是缺乏約束。我們在外面製造問題，接著就染污了自己的言行舉止。因此，守護根門是密封心中漏洞的戒。如果你培養這一層面的戒法，言行舉止會很優雅，令人讚歎，一如守護根門的比丘，不遠眺，不看會傷害心的事物，不執著於任何眼、耳、鼻、舌、身與意接觸所生的滋味，只是覺知著生理與心理現象的消逝，因此心不因為好惡而陷入混亂。

最重要的是，我們對施加約束不感興趣，成為感官樂的受害者，讓自己被色、聲、香、味與觸愚弄得開心或不開心。心在愚痴中，被這些事物的氣味欺騙，以致於遭到染污。不論我們多麼困惑，仍不明白到底發生了什麼事，因為這些喜悅的氣味會領著我們繼續追逐，我們的覺知還沒有看到這些東西的過患。要放下任何事，首先要看到它的過患。如果只是告訴自己要放下，要放下，要放下，則不可能真正地放下。你必須看到自己緊握著這些事物的過患，然後才會自動放下，一如你緊握著火，明白火是那麼地炙熱，就會自動放開，再也不敢碰觸。我們還不明白感官情欲的熱度，這便是為什麼我們仍那麼地喜愛。雖然說每個執著的本性都是苦，我們卻認為是好的，這已成為我們的第二天性。我們並不覺知自己正緊握著火，所以想得到更多，這就是為什麼心從來不會厭倦去貪婪執著。

若我們無法看到貪著於感官樂的過患，對埋藏在更深層、更微細之物，譬如我見，就更不可能看到過患了。我們仍透過眼睛及耳朵被外在的餌所誘惑，卻不覺知發生了什麼事。這些事物就像毒丸上的糖衣，我們覺得這丸子很甜，於是吞下毒品，滋養著貪愛與煩惱；然而它是這麼地疼痛與熾熱，可是我們卻不認為這是痛苦的，仍然愛著這個甜味，甚至想要更多。這是因為心從來沒有厭倦過感官樂，還沒有培養出離心和想得到解脫的願望，仍然喜歡浸淫在感官裡。如果心得到感官樂，就滿意了；如果得不到，就變得忿怒與懊惱。

就算我們仍被外在的誘餌所迷惑，如果得到所想望的東西，就會快樂；如果得不到，就被甩入困擾中。如果得不到足量的誘餌，就四處抱怨別人不同情、不關心我們。我們不斷想要得到這些東西，毫不滿足，就像蛆喜好惡臭，一點也不覺得噁心。感官欲的氣味刺激眾生的心，所以他們想得到更多。聖人們感到厭惡而不想靠近，凡夫卻直奔而去，狼吞虎咽地吃到撐不下為止。佛陀將這樣的人比喻成熱愛污穢的蛆或墮入糞坑的蛇，全身沾滿糞便，你找不到任何地方可以把它抓住並拉出來，卻不弄髒自己。佛陀喜歡用這樣的譬喻，好讓我們警醒過來。

批評與規勸

關於感官樂的過患，佛陀列了一長串比喻，如果你想知道內容，可以看經典的詩偈。佛陀有一部分的教導很吸引人、很舒服，有一些卻很嚴苛。禪修的人對閱讀及思維佛陀的教導感興趣，這樣才不會誤解事物。那些觸及我們痛處的佛法，與我們的本性都不合，因為我們不喜歡被批評、被規勸。我們除了讚美與羨慕，甚至在自負中自我膨脹，其餘什麼都不要。可是真正有覺照與覺知的人完全不要這些，他們想聽到有益的批評和規勸。這就是有覺知與智慧的意思，你知道如何有智慧地接受批評。

當你讀到佛陀的教導時，應該加以思維。佛陀對弟子嚴厲的批評比讚美還要多，我們的態度是否也跟佛陀一致呢？我們喜歡被讚美，如果人們批評我們，我們就生氣，並指責他們心懷惡意。這實在很愚笨、很可悲。我們領納了教導，就應該能利益我們才是，可是我們不用來觀察自己，相反地卻批評這種教導太負面、太嚴苛，結果，我們從出自善意的批評裡得不到任何用處。可是那些有覺照與覺知的人，正好相反，他們明白從老師的批評裡得到的利益，遠比從任何地方來得多。

孩子們並不感謝嚴格對待他們的老師，因為他們痛恨嚴厲的待遇；可是當他們變得愈來愈聰明和成熟時，會明白嚴格的對待在性格的養成上、在令他們開竅上，是個絕妙的方法。正如這句古諺所說：「如果你愛你的牛，你不可以讓牠跑野了；如果你愛你的孩子，你必須棒喝他。」提醒我們不要迎合孩子一時的興致，否則他們會變得輕率而不負責。當他們犯錯時，如果你嚴厲地對待並責備他們，他們將培養更強的責任感。

這便是為什麼聰明有智慧的人寧願被批評、也不願接受讚賞，愚痴的人則寧願被讚賞而不願被批評。你一批評，他們就會非常忿怒，不明白批評的殊勝價值。當我們犯錯時，某個人批評我們所犯的錯是不善的，而且會導致痛苦。如果我們是在做不善行時被這麼警告，對我們可是大大地有利，猶如那個人將我們從痛苦、火坑、地獄中拉出來一般。

可是愚痴的人會攻擊這個給予善意規勸的人。如果他們夠聰明，會感謝這個幫忙點醒他們的人，將這個警告牢記於心，永不忘懷。如果你對於批評的態度不是這樣，將永遠無法脫離舊習慣，會固執地堅持原有的作風，對要勝過別人比調伏自己的叛逆更為在意。如果你不能調伏自己的叛逆，那麼愈被指導，就會愈加失去控制，以致落得不斷地灼燒自己。你擁有珍貴的教導，可是卻用來傷害自己。這便是為什麼我們必須注意傾聽批評，這樣才能從中得到最佳利益。

覺知無常、苦與無我

想想看煩惱、貪愛與執著能帶來多大的傷害！我們是如此具有我見，怎麼做才能削弱我見呢？我們必須以一個能產生結果，能不染污它、不擾動它或令它混亂的方式，專注於自己的心。我們必須運用智慧，也就是覺照與覺知，持續不斷地向內觀察。沒有人能夠代替我們去觀察，我們才是必須全面認識自己的人。

把淨除煩惱的修行，想像成挖掘一個大螞蟻窩以逮捕一隻隱藏在內的惡獸，譬如一條蛇，你必須使用當前最銳利的十字鎬與鏟子來觸及這條蛇。同樣地，我們的我見也埋在深處，我們必須運用覺照與覺知，銳利猶如十字鎬與鏟子，才能穿透。不論何處有我見，試著挖掘並逮住。將我見翻過來並直盯著它看，去尋找自我的確切所在。試著檢查色身，或感受、分別、心行、心思與神識這一切你所深深執著且不願意放下的東西。該如何檢查才能認識它們呢？唯有透過看到色身，或感受、分別、心行、心思與神識的無常性。如果不了解這一點，將不可能放開這些，因為你會不斷地誤解，認為這些是恆常、安樂及有自我的。

這是一個重點：無常、苦與無我是深奧而細微的，不可輕忽。當我們從外層開始向內修煉時，思維和觀察必須變得更深、更細，不要安於只知道無常、苦與無我的表層，這對於迷惑與愚痴的根源沒有影響。找出思維和觀察的方法，能夠以真正的覺照與覺知得到產生無常、苦與無我的智慧。如果你確實以覺照與覺知認知到心必須培養一種厭離心，對於生理與心理現象，即五蘊之身，換句話說，即身與心的無常、苦與無我，感到難過與憂慮，心於是會鬆開執著。可是如果我們的認識還不是真實的，會繼續盲目地緊握不放，試著讓這些成為恆常、安樂與有我的。

我要求你們去思維並觀察，如實地認識這些。我們嘗試安定自己的心或練習禪修的一切理由，除了這一點之外，沒有別的了：去看到蘊集的無常、苦與無我，地、水、火、風、空與識的屬性，或眼睛、耳朵、鼻子、舌頭、身體與意識等感官的媒介。修行並非只是為了體驗當心寂靜下來後所產生的安樂與快感。我們必須觀察並評量事物，以一種令我們放下的方式，清楚地洞見，於是心會空去任何的我見。就算僅在片刻間經驗到這個空，仍然非常值得。將那種經驗的覺知置於心中當作資本，以能在修行上繼續增長，比起去覺知其他東西要好得多了。

日復一日地訓練這顆心，正如我們在這兒所做的，我們發現當我們去睡覺並在早上醒來時，覺知變得愈來愈持續不斷，直到心不再像以前那樣跑出去。你愈來愈能停留在當前的身體上，不論生起什麼，都能加以檢視，看看任何一部分是否是恆常與穩定的。不論是生理現象還是心理現象，任何一部分是恆常與穩定的嗎？當我們看到這些事物裡沒有任何恆常與穩定的東西，而且持續地在擾亂中變化著，於是明白無常本身就是苦的。在無常裡，本來就是苦的，根本就沒有一個我存在於任何地方。

你必須以這樣的方式清楚地檢視事物。並非無常是一回事，苦是一回事，無我是另一回事，事實根本不是這樣。你必須加以檢視，才會清楚地知道這些不過是同一物的不同面向罷了。如果你不運用覺照與覺知來看清楚這一點的話，知見就不是真實的。就算你能夠解釋得頭頭是道，心依舊一無所知。心閉上眼睛並待在黑暗中。當你的知見是真實的時候，就會有一種無貪、放下的感覺，心將能夠棄捨執著。

到那個時候，看看這顆心，你會明白心是空的。

現在看看你的心。當心停留在正常狀態時，沒有任何困擾，在一個層面上，心是空的。當心處於正常狀態時，轉過來觀察它，當心不執著任何東西時，是沒有我見的，有的只是覺知，僅此而已，沒有任何「我」或「我的」的標籤。注意一下這顆心此刻如何是空的，因為它沒有任何對於「我」或「我的」的執著。

如果不明白這一點，就無法發覺更深層面的空。你也許可以深入，卻以別的方式讓心空掉，但這是不正確的。我們所尋求的空，來自於透過見到無常、苦與無我對事物所能產生的放開。此時，你必須在這一點上繼續認真地修煉，一再一再地，不需注意其他事，因為一旦你荷負得愈多，心就愈加陷入困擾中。專注於一件事、一個物，持續觀察，直到清楚地呈現於心為止。當一切是清楚的時候，便是心能夠放鬆的時刻，心將能夠放下並放空。單單這一點，就足以熄滅日常生活中的痛苦與逼迫。你不必去閱讀或研究其他東西，只要從這個角度研究這顆心：心的生起、持續與消滅。觀察這一點直到清楚為止，這時，心會穩固地集中於這個覺知上。當心覺知的時候，就能放下，才能成為空的。

這一切都歸結於一個點：試著下定決心去仔細觀察並評量這顆心，那麼心會以最簡單的方式變成空的。我希望這個簡單的要點能夠幫助你在內心正確地看到真理，那麼你在每個剎那都可以得到利益。

一切皆不值得愛執

就一定程度來說，藉由一步步地思維並觀察自己以認識真理的方式修學佛法，是非常有利益的。每個人必須向內找到真理，也就是苦、苦因以及趨向消滅它們的方法。如果你不知道這些，就會跟世間其他眾生一樣墮入相同的痛苦中。我們可能居住在道場裡，可是如果不知道這些真理，就得不到留駐此地的利益。這跟住在家裡唯一不同的是，我們持守戒律。如果不想在修行中被迷惑，就必須了知這些事的真理，否則就只能糊里糊塗地在世間所給予的逼迫與痛苦中尋找快樂。

我們的修行是去思維並觀察，直到了解苦及苦的因，也就是對心靈有強大力量與權威的煩惱。因為修行，我們才能每一天、每一刻消滅這些煩惱以及煩惱所帶來的逼迫。這真是一件美妙的事。那些不修行的人根本毫無所悉，雖然他們在煩惱與痛苦的包圍下生活，被牽著鼻子四處走，陷入愈來愈深的痛苦中，可是卻沒有人明白到底發生了什麼事。如果不接觸佛法、不修行，那麼我們從生到死只是在製造一個接著一個的業，並在痛苦與逼迫中不斷地旋轉。

我們必須思維並觀察苦，直到看到它為止。到那個時候，我們會淨除自己放逸的態度，並試著消滅苦，或從苦中得到解脫。因此，修行就是與痛苦和逼迫奮鬥，力圖戰勝它們，以得到愈來愈好的結果。無論我們以何種方式所犯的錯誤，都要努力不再犯，同時思維並觀察心內更微細的煩惱、貪愛與執著所導致的傷害和痛苦。這便是為什麼必須探究內心更深層、更複雜的部分，因為如果我們僅僅停留在心表層的空，將無法獲得深奧的認知。

我們訓練這顆心注意並穩定地集中在一處，同時專注地向內觀察和學習。不要讓心因外在的東西而分心。當心專注於內時，就會了知苦的真理以及苦的原因，也就是當煩惱、貪愛與執著出現時，心會看到它們是什麼樣子，以及如何向內探究以消滅它們。

當全部說完並做完時，修行就歸諸於一個問題，單單只專注於一件事：苦及苦的因。這是人類生活的核心問題，甚至動物也有相同的困境，可是無明卻愚弄我們去貪執一切事物，這是由於我們的不正見或邪見所導致。如果我們有正見，就能正確地看待事物，任何時候見到苦，就見到它的真理。當我們見到苦的因，就見到苦的真理。因為我們專注在苦上面，所以得以識見。如果不專注於苦，就無法認識它；一旦專注於苦，就會認識。之所以如此，是因為心還沒有專注在這兒，心不知覺地跑到外面去追逐它的牽掛了。

當我們試著讓心專注，心會掙扎抵抗，因為它習慣到處亂跑。可是如果我們經常保持專注，就會曉得如何把心帶回來並加以調伏，這個工作就變得比較容易了，心不再像以前一樣掙扎著去追逐牽掛。當我們開始訓練心的時候，不論心如何地反抗，一定要將它制伏，要心安定並寂靜而住。如果心無法安定下來，你必須去思維和觀察，做給它看，以顯示你是正經的。因為煩惱與貪愛的力量非常強大，你在處理時一定不能軟弱，必須要勇敢，以戰鬥到死的態度來支持你的奮鬥。如果你只關心尋找舒適與安樂的事，將永遠無法解脫。

這樣的威力存在於我們的性格中，讓我們難以發現關於自我的真理。我們所知道的只有一丁點，便開始逃學，丟下工作，結果落得認為修行佛法不重要。比起嚴格要求自己，我們反而捲入各式各樣的事情中，踏上煩惱不停為我們指點出來的道路。我們虛弱地摸索著，向煩惱屈服並吞下誘餌。當煩惱因最微細的不適而抱怨時，我們迅速地討好它們，並再度吞下這個餌。因為我們對誘餌是這麼地上癮，以致於當貪愛跑到外面去追逐色、聲等等的時候，既沒有認出貪愛的力量，也沒有發現它的過患。貪愛使我們散亂不安，不能安靜地思維並觀察自己，總是找事情要我們去做、去想，讓我們痛苦，然而我們對這個事實卻渾然不知。

現在我們已經來修習佛法，開始有一種知道發生了什麼事的感覺。任何不自滿的人修行後，都會發現煩惱與苦慢慢地減輕。那些我們過去戰敗的地方，現在得勝而歸；過去被煩惱灼燒的地方，現在有覺照與覺知來反燒它們。唯有我們停止摸索並真正地清醒，才能明白佛法的利益，以及修行的重要。我們不可能棄捨修行，因為心裡有某個東西不斷地強迫我們要跟隨它。如果我們不修行以淨除煩惱，逼苦就會持續地累積，這就是為什麼直到最後一口氣都必須跟修行在一起。

你必須堅定地不讓自己誤入歧途。凡是有覺照與覺知的人，會自然地以這種方式行動；而不這麼做的人，會繼續追隨他們的煩惱，結果還是回到原點，也就是尚未開始修行以能從痛苦中解脫的地方。他們可能繼續修行，可是很難判斷究竟是為了什麼而修行。大多時候是為了得到更多的痛苦，這顯示他們依然在摸索，而當情況是如此時，他們便開始批評修行沒有用而且不好。

如果你輕易地向煩惱與貪愛低頭，就不可能修行。這就像是逆水行舟，如果你想進步的話，就必須使出力量來。在煩惱之河中逆流而上很不容易，因為煩惱總是準備好將你拉到下游去。如果你不覺照與覺知，不運用佛陀的法來檢視自己的話，力量將會被削弱。如果你在面對諸多煩惱時，僅有一丁點的覺照與覺知，煩惱便將令你躊躇不前。如果你跟甜言蜜語的諂媚者在一起，會與道偏離得更遠，捲入各種無關緊要的問題中，對修行卻變得不知不覺。

因此，修習佛法便是要逆流而行，要衝破痛苦與逼迫到上游去。如果你不思維並觀察苦，修行就不會有進步。苦就是你的出發點，之後要試著尋找根源。你必須運用覺知仔細尋找苦從何處生起，因為苦是一個結果，一旦你看到結果，就必須尋找出那個因。有覺照與覺知的人是不會自滿的，任何時候當苦生起時，他們絕對會去找出其中原因，這樣才能將苦滅除。這一類檢查可以前進好幾層，從粗到細，而且你必須尋求指導，才不會摔跤。你或許以為自己可以腦海中理清全部的答案，不過這根本行不通！

以覺照和覺知為思維的工具

佛陀為我們宣說關於運用思維和觀察這方面的基本法則很多，可是不必全部都學，只要專注其中比較重要的，譬如五蘊或名色，就很有幫助。不過你必須持續作徹底且全面的檢查，而不只是偶爾的探究，這樣離貪與不黏著的感覺會生起，並鬆開欲望的掌握。如果你運用覺照在根門處維持緊密的監督，覺照會變得比溜走的習性還強。不論做什麼、說什麼或想什麼，要特別注意會讓你分神的東西，因為如果你很堅決地維持覺照的話，就是那樣，全部的逼迫與痛苦都能夠被熄滅。

要持續這樣的修行。如果你跌倒一百次，就要爬起來一百次，並重新堅定自己的立場。培養覺照與覺知時進步緩慢，是因為對自己還不夠敏銳。你的敏銳度愈高，覺照與覺知就會變得愈有力。正如佛陀所說的「Bhavita bahulikata」，意思是「培養並將之擴大到極至」。換句話說，就是好好善用你的覺照。

你的修行透過在日常生活中思維並監督這顆心，已經顯示出一些成果，所以要繼續前進，不可以變得軟弱或鬆懈。現在你終於有了這個機會，豈能再不經心地在自滿中過活呢？你的生命正逐漸逝去，所以必須以增長愈來愈多的覺照與覺知來彌補這個損失，直到在佛法中成熟為止。否則，你的煩惱仍然會很多，而覺知卻依然很粗淺。年紀愈大，愈要警覺，因為我們都知道什麼樣的事會發生在每一個地方的老人身上。

所以，要把握當下，以平衡的方式培養信心、精進、覺照、定力與慧觀的能力。繼續思維並探究，這樣才能保護自己不溜出去追逐這個世間。不論誰來誘惑你，都不可以跟從，因為你不再相信任何人或被這個世間的餌所引誘。這個世間的誘餌是有毒的，佛法才是你人生的依止處與光明。一旦你建立了這種程度的信心，必然會精進向前而不退轉；可是如果你搖擺與閒散，不確定是否要繼續修習佛法，就要小心了，你肯定會被拉到懸崖處並推進火坑裡。

如果你的內心沒有解脫，就會從各方面被拉扯，因為世間充斥著不斷拉址你的東西。不過有智慧的人不會這麼天真，他們會親自清楚地看到這些苦，以及一切苦的過患，而不會趨向任何低劣的事物。他們不必老在世間受苦，不再感到愛戀，也失去了對出現在世間的各種誘餌及誘惑的欣賞。

修行佛法讓我們抖落過去迷惑我們去愛執的一切可愛之物，明白自己過不了太久就會死亡，不會在這兒待得太久！所以，就算任何人給予我們了不得的財富，我們為什麼要接受呢？誰可以真正擁有並控制呢？

如果你能夠這樣覺察自己，就會有一種不再眷戀、不再著迷的感覺，對世間所有誘惑都失去了興味，不再尊重它們。如果你使用了，是因為這些佛法帶來利益，可是你那不著迷的態度是持續的。然而，就算這個你視為「我」及「我的」的名色已經衰弱並不斷瓦解，但煩惱還是會等著要將你灼燒。所以，你怎麼堪得起毫不知情呢？首先有五蘊所帶來的苦與逼迫，在這之上又有煩惱、貪愛與執著所帶來的痛苦，不停地刺傷你、撲摑你、痛打你。

你愈是修行並思維，對這一點就會愈敏銳，對外在紛擾的事物，如好人與壞人、好東西與壞東西的興趣便一掃而空了。你不必關心這些，只需關心向內穿透自己，摧毀自己的驕慢及自負。外在的事已不重要，重要的是你如何能清楚地看到內在的真相，直到光明出現為止。

由見到真相所產生的光明，與外在所看到光線不一樣，一旦你真的知道了，就會明白它是無法用言語描述的，這是完全個人的感覺。隨著覺照與覺知的力道，光明清除了心靈中的所有東西，就是內在掃除、淨化、清除、放下、消滅事物的那個東西。可是如果沒有覺照與覺知作為認識、思維、觀察和放下的工具的話，內在每一個東西從各方面看來都是黑暗的。甚至不僅僅是黑暗，還充斥著火，其中具有毒性的燃料持續地燃燒。還有什麼比燃料在心內焚燒更可怕的事呢？就算心看不到，但每當感官觸到境的時候，心就驟然地燒了起來。

投下炸彈把人們殲滅，還不算特別危險，因為你一生只能死一次。可是貪瞋痴的炸彈卻不斷地、無以計數地，轟炸心靈。通常我們不明白這個傷害有多嚴重，可是修習佛法時，可以停下來仔細思考這個情境，看看當感官接觸出現時是個什麼景觀？什麼時刻煩惱之火會生起？為什麼會這麼迅速呢？

思維並觀察如何消滅痛苦與煩惱時，需要妥當的工具，並且必須付出努力而不自滿。我們來到這兒修行，將世俗的牽扯與責任留在身後，會有利於修行的進步，有效地幫助我們詳細檢查內在的疾病，並不斷地滅除痛苦與逼迫。我們的負擔變得愈來愈輕，逐漸明白自己在佛法的修學上、在朝向熄滅痛苦這個方向上，究竟往前邁進了多少。

那些沒有時間前來並在這兒停留，不能真正停下來，同時被各種分神之事席捲而去的人，他們或許會說：「我們在任何地方都可以修。」但這只是空話。實際的情形是，他們的修行是去追逐著煩惱，直到暈頭轉向為止，可是卻依然吹噓自己能夠在任何地方修行！他們的口與心不一致，而他們的心被煩惱、貪愛及執著所灼燒及毆打，以致於不清楚自己的狀況。他們像住在穢物中的蛆，高興地待著並死在污穢當中。

不執著，才能滅除欲望

任何有覺照與覺知的人，對心中的煩惱和污穢會感到厭惡。他們修行後，會變得更加靈敏，厭離心會愈來愈強。以前當我們的覺照與覺知還很粗淺時，不覺得這件事會怎麼樣，反而開心地在心內的污穢中嬉戲。可是現在我們來修行了，從喧鬧的到微細的層面去思維並觀察，愈來愈覺知這些污穢是多麼地噁心，根本沒有任何值得喜愛的東西，因為它不外是無常、苦與無我罷了。

在那兒，你想要從生命裡得到些什麼呢？愚痴的人會說他們生下來就是為了求得富裕，成為百萬富翁。可是那樣的人生就像是墮入地獄一般啊！如果你了解依著佛陀的足跡修習佛法，會明白沒有一物是值得擁有的，沒有一事是值得捲進去的，每個事物都要放下。

那些仍然執著於色身，或感受、分別、心行、心思與神識為自我的人，需要去思維並觀察，直到他們看到身體是苦的，感受是苦的，分別是苦的，心行和心思是苦的，神識是苦的。總之，名是苦，色也是苦；以更淺白的話說，這個身體是苦的，心也是苦的。你必須專注於苦。一旦你從喧鬧的層面到微細的層面徹底看到了苦，就能夠超越苦與樂，因為你已經放開了這些。可是如果你仍未全然地了解苦，就仍會渴求快樂，而你愈是渴求，受的苦就愈多。

同樣的情形也適用於心在定時所生的喜悅。如果你讓自己執著於此，就像一個有毒癮的人，只要欲望生起就吸毒，並認為自己很快樂。可是你毫無智慧去識破由反覆的欲望所導致的痛苦，唯一做的只要想要的時候便吸毒，以為這樣就沒事了。

當人們無法戒除他們的癮，這便是原因所在。他們黏著於吸毒的快感，口服著感官之樂，並想求得更多。因為只有當他們服用更多時，飢餓感才會消去。可是很快地，飢餓感又回來了，因此他們又想再多要一些。他們持續口服著感官之樂，攪亂這顆心，卻不知其中含有任何的傷害與痛苦，反而說自己很快樂。當渴望變得很強並得到滿足時，感覺真的很好。這便是他們所說的。那些煩惱很重、觀慧很粗淺的人，不明白欲望與渴求本身就是痛苦，所以不知道如何加以戒除。只要得到想要的東西，便走掉了，之後又再回來，所以人們想要得到更多；當欲望又再回來，他們又想得到更多，如此一再地反覆，盲目得根本不知道發生了什麼事。

可是聰明的人就會思維並觀察：「為什麼會有欲望？為什麼我要去滿足它呢？當欲望來時，為什麼我必須一再地滿足它呢？」一旦了解欲望就是他們必須制伏的對象，明白若消滅欲望，不僅不會感到不安，而且永遠不會再受到欲望折磨的苦，這才是真正從痛苦與逼迫中解脫的時候。可是我們通常不從這個角度看待事物，因為我們仍從享用事物中尋找快樂。這就是為什麼我們修習棄捨欲望時會這麼困難。我們知道的是如何去餵食誘餌，所以不敢試著放捨掉，正如那些嗜食肉類的人恐懼成為素食者一樣。為什麼呢？因為他們仍被滋味所吸引，依舊是欲望的奴隸。

如果你不能放下這些喧鬧的東西，又豈能期待放捨心內那些甚難察覺的陰暗、蠢蠢欲動的欲望呢？你依然吞食著最喧鬧的誘餌。當欲望向你耳語並懇求時，這下子你便沒轍了，立即去討好它。你並沒有察覺欲望是如何地耗損你，是最猛烈的苦之源泉。就算佛陀教導我們運用智慧去思維並觀察這方面的因與果，然而我們並不付出努力，反而繼續吞食著餌食。我們得到喜悅，順著貪愛與煩惱之流而行，這就是我們所追求的。

我們在這兒的修行，是要逆著欲望與散亂而行，這意味著在很多方面需要自律與訓練。譬如說，當色、聲、香、味或觸的感受生起時，我們矇蔽自己去喜愛這些，片刻之後，又厭倦了並想要別的東西。我們全然地被矇騙，以致於落得瘋狂地四處奔走。

這個心中的惡病豈只是多，如果你不知道如何處理，便持續地處在惡魔的威力之下。那些真正已經看到痛苦與逼迫的人，甘願冒著生命危險，努力為解脫而奮鬥，與佛陀甘願冒著生命危險以求從痛苦中得到自在，以從世間中得到解脫的精神一樣。佛陀並不是為了個人的舒適，每一位未來佛都必須在世間為了自身以及其他眾生的緣故而受苦，都必須捨棄一切鉅產，而不以個人的舒適去受用。因此，這個修行便是一種掙扎與耐心的修煉。任何掙扎並堅忍下去的人都會贏得勝利，而且沒有任何勝利可以與之媲美。制伏煩惱就是最究竟的勝利。不論你思維的是什麼，都可以放下，這就是最究竟的勝利。

所以，請持續地努力，不要讓自己在一個小小的勝利後就鬆懈下來。你愈是勝利，覺照與覺知就會愈堅強，愈勇敢，愈有韌性，檢查著任何東西，不論是來自眼、耳、鼻、舌、身或意。

觀察世間空無自我

你愈是檢查自己，覺照與覺知就愈敏銳。一旦執著生起時，你會看到痛苦與逼迫，正如觸到了火一樣，感受到熱，於是立即放開一樣。這就是為什麼修學佛法具有最高的價值，這並不是你玩的一種遊戲。因為煩惱具有很大的威力，非常難以克服，可是如果你努力去克服，當覺照與覺知變得強而有力時，煩惱就軟弱下來了。這時，你才能說自己在佛法中有了些許進步，也就是當你能熄滅自己的痛苦與逼迫時。

所以，趁你仍有一口氣在，盡力去做吧！佛陀曾說：「努力去得到尚未得到的，完成尚未完成的，體證尚未體證的。」佛陀不要我們變得軟弱無力以及搖擺不堅，總是給自己找藉口，因為現在我們已經出家了，已經作了一個很大的犧牲。在佛陀的時代，不論比丘或比丘尼來自何方，例如從皇家、富貴之家或平民百姓家，一旦離開家裡，便切斷與家人的連繫，不顧一切地進入了佛陀的門下。若再返回在家生活，佛陀說道，就變成一個沒有價值的人。佛陀唯一關懷的是，不斷地把人們從痛苦與逼迫中拉出來。如果我們想要逃離，必須依著佛陀的楷範，切斷一切對於家人及親戚的憂慮與牽掛，進入佛陀的門下，在佛陀的管教下生活及修行，這才是最上的皈依和最殊勝之道。

那些依止佛法與戒法原則的人，雖然只有偶爾的平靜滋味而尚未上路及得到成果，仍發願將生命獻給佛、法與僧。他們明白沒有其他可以觸摸到的道，能夠導向從痛苦中解脫出來，可是如果他們來到這一個皈依處，會得到究竟的解脫。那些覺照與覺觀很深、很遠、很徹底的人，會穿越到彼岸去。他們在此岸已住得夠久了，嘗盡了所能忍受的一切苦，已經在生與死的循環中重複了無數次，現在明白他們必須到達彼岸，所以付出永不回頭的努力以放下自我。

彼岸並不遙遠，可是要去那兒，你必須藉由檢查五蘊並看到一切全都是苦，而非「我」或「我的」來放下有個我的看法。專注於不執著這個態度上，佛陀曾經說過去猶如下面，未來猶如上面，現前則在中間。佛陀也說不善的東西猶如下面，善的東西為上面，中性的東西則在中間。對於每一個，佛陀說：「不要執著。」乃至涅槃、彼岸，也不應該執著。看看我們從不執著而得到的解脫能夠撐多久！任何不了解即使涅槃也不該執著的人，應當思維關於告訴我們不要執著、應該放下的標準教導：「一切皆不值得愛執。」這是佛陀一切教導中最究竟的要點。

一切現象，不論是因緣生或非因緣生，都落入這一句話：「諸法無我——一切現象界都沒有自性。」全都不值得愛執，這就總括了一切，包括我們檢視這個世間以及佛法的真相，以覺照與覺知看清楚，穿透因緣所生之物到非因緣所生之處，或透過世間到出世間，這一切都必須透過向內而非向外觀察而達成。

如果想要見到佛法的精髓，就必須深刻地觀察，那麼這就只是一件一路放下的事，我們一路看進去並放下一切。「不要執著」這個要點，囊括了一切。如果我們的修行是正確的，是因為我們以覺照與覺知穿透每件事物，根本不在任何色身，或感受、分別、心行、心思與神識上黏著。

佛陀教導關於愚痴，也就是不明白色相、被色相所迷，是如何導致心中生起貪愛，心行和心思攪擾了心，導致造業。由於愚痴，我們試著得到所貪愛的東西。當你明白這一點，就能正確地修習，因為你了知必須淨除貪愛。我們一再地思維並觀察身與心的目的，在於不再希求任何外在的東西，也就不會耽溺於任何外在的東西。你愈是思維和觀察，外在事物便愈顯得卑微，不值得耽溺。以前會耽溺、會興奮，是因為你不了解這一點，於是熱心地議論著人和事，搞得驚天動地，評論著：「這個好，那個壞；她好，他壞。」讓心全散到世俗的事物上，這樣一來，你怎麼能檢查心內的疾病呢？

佛陀回答摩伽羅闍的問題：一個人要用什麼方法來觀察世間，才不會被死神看到？告訴他要觀察世間空無自我。我們必須剝除世俗之見，譬如「人」與「有情」，以及所有附與的名字，像屬性、蘊集及感官的根。一旦我們知道如何滅除世俗見與附與的名字，就沒有什麼需要去抓住的了。剩下的便是不死、出世和涅槃，雖然有好多個名字，但所指的是同一個。當你淨除所有世俗的東西，剩下的便是出世的。當你將所有因緣生的東西都滅除，剩下的便是非因緣生的，是真正的法。

所以，想一想這是否值得擁有：如果我們停留在世間，必須在三界裡——欲界、色界與無色界，不斷地輪迴生死。可是在彼岸，沒有生，沒有死，超過死神所能觸及之處。但是因為我們不知道彼岸，所以想繼續在此岸輪迴，連帶著導致無以數計、重複不已的痛苦。

不過，一旦你了解痛苦與逼迫，便不再想去任何地方：你朝著彼岸邁進，那沒有生或死的那一岸，那煩惱與貪愛一了百了的那一岸。你的修行於是直趨熄滅痛苦與煩惱，趨向在蘊集中清楚地穿透共同的無常、苦與無我的特性。有覺照與覺知的人，將思維專注於朝向絕對的消滅。因為如果消滅不是絕對的話，他們就必須在痛苦與逼迫中再度輪迴。所以繼續消滅執著，繼續放下，繼續思維無常、苦與無我，繼續滅除它們，這鐵定是條正確之道。

這難道不值得認識與訓練嗎？這並不神秘或遙遠，曉得吧！這是任何人，不論男眾或女眾都能明白的，一個我們都能訓練的東西。我們可以培養戒德，讓心平靜下來，然後運用覺照與覺知來思維並觀察。所以，這豈不確實值得修煉嗎？

愚痴的人會說不是。他們說自己無法持戒，不能讓心靜下來。為從痛苦與逼迫中解脫出來而修行，是生命中最美好的事，然而他們卻拒絕了。相反地，他們在困擾中到處亂跑，跟別人競爭並自我吹噓，結果落得在棺木中腐敗。這一切究竟又有多可愛迷人呢？

我們已經偏離得太久了，生命已經過了好幾十年，現在來到這裡，要把自己回轉過來。不論你的年紀多大，呼吸空氣並不只是為了自己的方便與舒適，而是為了去學習苦，這樣你才能滅除苦。不要認為家人和親戚對你是絕對重要的，你是獨立的，你單獨地來，也將單獨地走。唯有沒有「你」、沒有自我要離去，那時你才算透視了佛法。如果仍然有一個自我要去投生，那麼你便困在痛苦與逼迫的輪迴中。因此，為求解脫而奮鬥是不是一件值得做的事呢？這唯有自己才能找得到。

轉而專注於內

信任佛陀的人，都會依著這條道路而行。信任煩惱就是困在泥沼裡，當你在那兒時，除了自己的苦之外，還可以向誰吹噓呢？導向離貪以及不再著迷的知見，才是真實的知見，可是你的知識導引你去執取，讓你成為魔王的弟子。你仍然認為事物是美妙的，也許你說自己不再著迷，可是心根本無法不再著迷，依然想要拿到這個，得到那個，就停在這兒。

任何持續閱讀心內真相的人，覺知愈來愈深，直通到底，在修行的每一步中清除愚痴與迷惑。以前你是糊塗的，現在清醒了。從前你會吹噓，現在明白自己以前是多麼愚蠢，並且了解必須不斷導正自己的愚蠢。

解讀並觀察自己，你會看到新的角度，在修道的每一步中，得到更精確的自我知識。這並不是一個成為外在事物專家的問題，而是你看到身內的一切都是無常的，真正是苦的、無我的。你以前會愛上事物並執著，是因為你的盲目無知和不了解。這能怪誰呢？就是你的愚痴，就是它，因為它想要吹噓自己知道多少。

現在你知道自己仍有不少愚痴，必須在死亡之前淨除。只要仍有一口氣在的每一天，都要用來驅除愚痴，而不是去得到這個或成為那個或四處飛舞。那些四處飛舞的人，是著了魔的，煩惱之魔讓他們變得瘋狂，迷惑他們去想要得到這個以及成為那個並四處飛舞。不過，如果將注意力專注於自己身上，你的驕慢、自負、想出頭的欲望都會縮得看不見，在你的餘生中再也不敢露臉了，因為你明白愈是吹噓，就會愈痛苦。

所以，修行的精髓就是去回轉過來並專注於內。你愈是能淨除這些事物，心就愈空愈自由：這就是心的酬勞。如果你默許自負，將摧毀所具有的任何美德；可是如果你能將這些魔怪全部驅除出去的話，有德之人會來並跟你在一起。如果魔怪仍然在那兒，有德之人不會停留，因為他們根本合不來。如果你讓自己陷入困擾中，那是魔怪所為的；如果你是空的、自由的，那是清淨與和平所為，是有德之人的所為。

所以，檢視看看你能夠驅走多少魔怪？魔怪是不是愈來愈少了？當魔怪出現時，指著它們的臉並叫出它們的真名。魔怪與惡鬼到這兒來吃你的心，喝你的血。你以前曾讓魔怪吃過你，可是現在你已經清醒了，並能夠驅趕它們，這將結束你的苦惱，或至少減輕痛苦，你的我見會開始枯竭。以前，這個魔怪很大、很胖、很有力，可是現在力量消失了，你的驕慢與自負變得薄弱。正如一個人被患了狂犬病的狗咬到一樣，醫生給他注射一種由狂犬身上抽取出來的血清以治癒疾病。這兒的情形也是一樣，如果我們能夠認出這些事物，它們便消滅了，這顆心便是空的、安樂的，因為不要愛執這個要點，在每一剎那都能熄滅痛苦與逼迫。

就在當下打住

思維和觀察的方式使我們明白，培養真正的覺照與覺知是消滅痛苦與煩惱的歷程。任何時候當覺照退失時，我們便執著某個事物。我們在解讀自己上的修持慢慢地努力，將讓我們很容易明白這個情形，幫助我們把心調伏住，發揮大大的利益。不過，這還是不夠，因為痛苦與煩惱是深植於性格中最大的問題，我們必須思維並審慎地檢查內在的東西。

我們總是習於向外看。任何時候當我們認識外在事物，心便處於困擾中，而不是空的並住於安樂之中了。我們必須覺知這一點，這就是為什麼需要將心保持在中正不倚或清楚集中的狀態。這時，我們檢查修法上的經驗：我們能夠把心維持在什麼樣的狀態呢？我們的覺照在所有活動中是持續而不間斷的嗎？我們必須觀察這些。由於心的活動習慣於創造各種困擾，於是便偏離了它的根基。我們怎麼做才能將心安定下來並變得安靜呢？如果心靜不下來，除了捲進困擾外，一事無成：心會四處亂走，思想著，幻想著，談論各式各樣的事物。那個就是苦。你必須持續解讀這些，清楚地看到無常、變化與壓迫的真相。

現在如果你看著內在的生起與消滅，你明白這既非好抑非壞，不過是一種自然的生起、持續、然後消滅的歷程。試著深入看到這一點。當你做到時，就能把心掃除乾淨，正如你不斷地清理家裡一樣，任何東西出現並弄髒家裡的話，你都能夠覺察。所以在每一剎那，我們必須清除任何生起、持續、然後消滅的東西。將這些全都淨除乾淨，不要執著或貪愛任何東西。試著讓心在內部覺知這種不執著的狀態。一旦心不執著、不貪愛任何東西，心內就沒有動蕩，就是空的、安樂的。

這種覺知狀態很值得學習，因為這完全不要求你要知道其他事，你只須思維並觀察色身，或感受、分別、心行、心思與神識的無常就好，或者你可以在每一剎那中思維，當心不斷在生起與消滅中變化同時，心中浮現的究竟是什麼。你必須思維，直到真正了解為止，否則你會像給感官觸貼上標籤一樣，追逐著心中的念頭。如果你不追逐現在生起的感官觸受，便將墮入記憶或思想的編織裡。這就是為什麼你必須訓練心以保持堅定，集中於中正不倚的狀態，完全不執著任何事物。如果你可以不間斷地保持這個立場，就能將心中的一切掃除乾淨，在剎那剎那中消滅現前的痛苦與逼迫。

每個事物都是生起、然後消滅，生起、然後消滅，所以不要抓取任何事物，認為是好的或壞的，或將它視為自己。把所有的散漫與心的編排都停下來，當你能夠維持這種覺知的狀態時，心就會自行平靜下來，自然而然會變成空的與自由的。如果有任何念頭生起，注意這些只不過是過往而已，不要執著。當你能夠解讀心的各個層面不過是生起、然後消滅，沒有其他太多的事要做，只是持續地觀察並放下，那麼你對過去與未來將沒有綿延不絕的思緒，它們全都在生起、然後消滅的當下停住了。

當你真正從生起然後消滅中看到現在時，就沒有太大問題了。不論思維什麼，全都會消滅；可是如果你不能注意到它的消滅，就會抓住每個生起的東西，變成無窮無盡幻想的擾亂。所以，你必須切斷這些猶如河水般不停流動的心行和心思。培養你的覺照，之後，只要將全副的注意力放在這顆心上，這時你將能夠平息那令你分神的心思之流。任何時間都這樣修煉，心就會變得寂靜、空的、不黏著、不執著。之後，每當心耽溺並開始編織出長而綿延的心行時，要一而再、再而三地注意心的中立狀態。一旦覺知到了，要讓它們停下來。如果你讓它們就停在當下，事物就會消滅。不論什麼問題，都要立即加以消滅。就這樣修習，直到熟練善巧為止，心就不會再捲入分神之事中了。

這就好像開車一樣，想要停下來時，只要踩煞車，就立即停下來了。同樣的原理也適用於心。你會注意到，不論什麼時候，只要有覺照，心就會停下來並寂靜而住。換句話說，當覺照終於集中，那麼不論發生什麼事，只要你刻意地加以覺照，心便停下來，不再黏著，而且是自由的。這是一個簡單的方法：只要你一覺照，心就歇住了。至於其他方法都太慢了，無法應付這種情形。檢查自己的方法，認識自己，非常值得學習，因為任何人在任何時候都能應用到。甚至就在這兒，當我正在說話而你們正在聽時，只要把注意力專注於這顆心，就在心目前正常的狀態。這是認識自己的心的絕妙方法。

讓煩惱停在當下

在我們認識這一切之前，心追逐著所生起的任何念頭，一旦結束一個舊的，立刻就弄出一個新的念頭，編織一張網讓我們陷入各種糾紛中。我們所試圖使用的任何禪修方法，都無法真正停止我們的分神，所以不要低估這個方法，認為它太簡單。訓練自己要在任何接觸之境或任何闖入覺知的各種意見上，當驕慢與意見泉湧而出時，吶喊著：「住手，首先讓我有發言權！」這個叫停的方法，真的立刻就把煩惱止住了，就像兩個人相互打斷對方的話，自負和自我在一邊，在另一個還未結束之前就立即舉反對旗。或者你會說這種感覺就像突然碰到一頭危險的野獸，例如一隻猛虎或一條毒蛇，卻沒有辦法逃跑，你所能做的只是停下來，完完全全地安定下來，並散發慈悲的心念。

這兒的情況也是如此，你只是停下來，光是這個動作就把煩惱的力量或任何突然出現的我見切掉了。我們必須就在原地把煩惱止住，否則煩惱會變得更強壯、更剛烈。所以，我們必須在一開始時就把煩惱停住，並抵制它們，這樣你的覺照才會養成習慣去處理煩惱。一旦你喊：「停！」事物會立刻停下來，煩惱會服從，再也不敢以任何方式對你作威作福了。

如果你打算坐一個小時，記得在這段時間裡，全都注意著這顆心，不要只求寂靜之樂。坐下來並觀察心內的感受，看看心如何集中。不要掛心所生起的任何貪愛或感受，不論疼痛以何種方式生起，都不要理會。持續且不間斷地注意著心的集中狀態。心不會迷失而走向任何喜悅或疼痛，而是全部都放下，看待疼痛為蘊集所慣有的事，因為蘊集是無常的，感受是無常的，身體是無常的，這是它們必然的狀態。

當喜悅的感受生起時，由於對喜悅的貪愛，心想盡辦法想跟喜悅的感受在一起；可是當疼痛出現時，心的行徑就完全相反了，因為疼痛是不舒服的。當疼痛因為我們長時間的靜坐而生起時，心會焦躁不安，貪愛會不斷地催促變化的出現，要我們以這種或那種方式去調整。我們必須反過來訓練自己去消滅這種貪愛。如果身體的疼痛變得更強烈，我們必須訓練以保持平衡，藉由理解這是蘊集的疼痛，而不是我們的疼痛，直到心不再焦躁不安，能夠回到正常平等的狀態為止。

就算平等心不完美，不要憂慮，只要確保心不掙扎地想去改變這個情境就好。繼續消滅這種掙扎和貪心。如果疼痛難以忍受，你就必須改變姿勢。但不要在心很平靜的時候改變，繼續坐著，觀察疼痛能維持多久，直到時機對的時候再改變姿勢。當你伸展你的腿時，確保心仍是集中的、平等的。停留在這個狀態大約五分鐘，粗重的疼痛感就會消逝。不過要小心，當喜悅的感覺取代疼痛時，心會喜歡它，所以要用覺照來維持心的平等與中正不倚。

在所有的行動中修習這一點，因為心習慣耽溺於喜悅的感受，甚至會耽溺於中性的感受，所以你必須把覺照訓練得很穩固，以認識感受的真實相：即無常的、苦的，完全沒有真實的快樂。思維喜悅的感受，除了苦之外，什麼都沒有。你必須一直這樣修煉，不可沉迷於喜悅的感受，否則將陷入更多痛苦與逼迫之中。因為貪愛除了喜悅之外，什麼都不要。蘊集本身是無法產生喜悅的，生理的與心理的蘊集，全都是苦的。如果心可以超越喜悅、苦痛和感受，就在那兒，心得到了解脫。請了解這一點：心從感受中解脫出來。如果心還沒有從感受中得到解脫，仍想要喜悅，仍執著於喜悅與苦痛，那麼試著去注意當心以中性的態度來對待感受時的心態，這將使心從痛苦與逼迫中獲得解脫。

所以，我們必須在很多身體的苦受上修煉，也必須試著了解樂受，因為樂受與微細貪愛的煩惱相連，而我們並不真的了解這些。我們以為這是真正的快樂，想要得到它們。這種欲求就是貪愛，而佛陀告訴我們要棄捨對名與色的貪愛。「愛」這兒指的是除了想要快樂之外，其他什麼都不要，於是對接下來所發生的，便捲入喜愛或不喜愛的情緒中。這意味著我們捲入感受的美好滋味中，不論是生理上或心理上的感受。

我們應該明白當身體上的苦受變得極為強烈時，可以運用覺照讓心不掙扎地處理這個覺受。這時，就算身體的疼痛很強烈，我們也能夠放下。雖然身體會感到焦躁，心卻不跟著一起焦躁。要做到這一點，首先你必須趁著還強健時，練習把感受與心分開。

至於隨著欲望而生的感受，一旦被累積起來，將導致更嚴重的苦。不要認為這樣的感受是安樂的、舒適的，那是妄想。不論何種感受，你都必須探究它們是如何地無常、苦與無我。如果你能放下感受，就會對帶來樂受的色身，或感受、分別、心行、心思與神識不再著迷了；可是如果你不思維並觀察這些，就仍將耽溺其中。

修習將執著放下

所以，當心處於耽溺狀態時，注意這顆心是空的、安樂的嗎？一旦心執著時，你會看到它是髒的、染污的，因為它受騙而陷入貪愛。一旦苦生起來，心就會十分焦躁。如果心執著於樂受、苦受與不苦不樂受這三種感受，必然要經歷痛苦與逼迫。我們必須看到身與心的無常相、苦相與無我相，這樣就不會貪愛它了。不論往內或往外看，都不會貪愛，我們會是空的，而空的是因為我們不再執著的緣故，並了解心現在沒有受到苦的折磨。我們向內觀察得愈深刻，就愈明白心空無執著。

這就是從痛苦與逼迫中解脫的方法，是一種獲得解脫最簡單的方式，可是如果我們並不真正地了解，便是最艱難的方法。所以，重要的是去修習放下。在心執著任何物的當下，能真正地放下，心也就放下了。當你告訴心停下來，心便會停下來；當你告訴心要空，心也就真正地空了。

這種觀察心的方法非常有用。不過，我們對於善巧與精通息滅自己的痛苦這件事，並不太感興趣。我們以一種悠閒而無所謂的方式修行，不知道哪些點必須修正，什麼地方應該要消滅事物，什麼東西應該放下，以致於抱著痛苦與執著，繼續輪轉。

每一個時刻都必須找機會消滅痛苦，不可以只是生活，隨心所欲地吃飯與睡覺。我們需要找到方法去檢查並思維一切事物，運用覺照與覺知看到「自我」的空相。只有這樣，才能放開執著。如果不以真實的覺照與覺知去認識，修行將無法引領我們出離痛苦與逼迫。

每一個列於傳統歸類表的十六種煩惱（參閱「專有名詞一覽」），都很難棄捨。可是，並非十六個煩惱同時生起，而是一時刻一個煩惱。如果你認識了煩惱生起的特性，就能放下。第一步是清楚地辨識煩惱的相貌，明白每一次當煩惱生起時，都是火熱的。如果煩惱讓你悲傷或憤怒，會很容易被認出來；如果煩惱讓你開心，就比較難被察覺。所以，首先必須學習辨識處於正常狀態的心，將言行也保持在正常的狀態。「正常」在這裡意指沒有喜愛或討厭，是一個清淨戒的問題，正如我們修煉守護根門一樣，正常狀態是個重要的根基。如果心不是處於正常狀態，而是喜歡這個或討厭那個，就表示你在根門上的守護不清淨。譬如說，當眼睛看到一個形相或耳朵聽到一個聲音，只要沒有真實的疼痛產生，你就不會憤怒；可是如果你在疼痛愈來愈強烈時分神並心不在焉，你的戒就會遭殃，你將落入焦躁不安中。

所以，乃至最微小的事物都不可低估，運用覺照與覺知去消滅並摧毀事物，並持續地在檢查上努力。那麼，就算發生嚴重的事情，你都能夠放下。如果執著很強烈，你將能夠放下；如果執著的數量很多，你也能夠減少。

同樣的情況也適用於煩惱的媒介，即五種障礙遮蓋。任何對色、聲、香、味與觸之受的喜受，便是貪欲蓋。如果你不喜歡所見、所聞等等，那是瞋恚蓋。這些貪欲與瞋恚蓋染污了這顆心，讓心焦躁散亂，無法平靜。當心被五蓋操控時，試著加以觀察，看看心是不是處在一種受苦的狀況。當這些媒介性的煩惱完全覆蓋你的心時，心認得出它們嗎？

貪欲蓋像一種染料，將清水攪混，變得混濁。當心混濁時，就是苦的。瞋恚蓋就是易怒與不滿足。睡眠蓋就是昏沉與無力的狀態，拒絕處理任何事，把自己埋在睡眠與懈怠健忘中。所有的遮蓋，包括最後一對：不安焦慮與狐疑猜忌，覆蓋住這顆心，令心處於黑暗中。這就是為什麼你必須振作，以擊倒這些障礙並加以檢查，這樣才能削弱它們，並從粗淺到中間層、然後到最微細的，全部予以滅除。

佛法的修持是非常精細的工作，需要運用全部的覺照與覺知以探究這個身與心。當你進一步觀察身體時，試著體察它是如何地無常、苦，以及除了各類物質元素之外，沒有其他東西的真相。如果不這樣思維，修行就只會四處摸索，不可能從痛苦與逼迫中解脫。因為由煩惱而生的苦，在心中編造的東西豈只是多而已！心充滿了各類把戲，有時候你透過覺照與覺知能得到一些洞見，變得光明、空無，以及安樂，但卻發現煩惱悄悄地溜進來破壞，並再度覆蓋這顆心，令心處於全然的黑暗中。

每個人必須找到特別的策略來解讀自己，才不會在分神當中迷失。在這兒，欲望是個大搗蛋鬼，分神也一樣。昏沉，也就是所有的遮蓋，都是擋住你的道路的敵人。這一路下來，你之所以還沒有任何覺知，是因為這些擋住了你的路，並將你圍困住。你必須找到一個方法，運用如理的作意加以摧毀；換句話說，就是找到一個善巧的方法來運用這顆心。你必須不斷地探索，思維這些東西是如何生起的、如何消滅，以及究竟什麼是無常、苦與無我，這些是必須不斷自問的問題，這樣，心才會真正了知。當你真正認識無常時，一定會放下煩惱、貪愛與執著，或者至少能夠削弱並減少。就像手中有一把掃帚，任何時候當執著生起時，你就掃掉，直到心不再執著為止。沒有什麼是可以執著的——你已經看到一切都是無常的，還有什麼可以執著呢？

當你堅定地思維無常、苦與無我時，心會覺得很自在，因為你已經放開了執著。這便是佛法的美妙：一個自在的身與心，完全從煩惱的束縛中解脫。這真的很特別。從前，心被無明遮住了，害你四處奔波，被色與聲等等所迷住，也被煩惱、貪愛與執著操控。可是現在，覺照與覺知藉由看到這些原來沒有我，根本不真實，而打破了這個迷夢。它們只不過在每個剎那生起、然後消滅，根本就沒有一絲絲的「我」或「我的」。一旦以覺照與覺知加以認識時，便掃除了一切，除了純淨的佛法之外，片甲不留，完全沒有一絲自我的感覺。除了無常、苦與無我之外，什麼都沒看到，不苦亦不樂。

佛陀曾教導說：「諸法無我，一切現象都是沒有自性的。」因緣生或非因緣生，即涅槃、出世間的，都是沒有自性的，有的只是法，這一點非常重要。沒有一個我存在於那兒；確實存在於那兒的，就是法罷了。這並不是執斷滅不正見的人所說的絕跡，而是消滅對「我」與「我的」的一切執著。剩下來的便是不死——這潛伏的法，這潛伏的屬性——沒有生、老、病與死。每個東西還是跟以前一樣，沒有被滅絕，唯一被滅絕的是煩惱以及一切的痛苦與逼迫。這就叫作空，也就是空寂的，完全沒有我的標籤。這種不死之法，是佛陀所發現並試圖醒悟我們的真神跡。

這就是為什麼值得穿透五蘊，並清楚地見到其無常、苦與無我的相貌，因為所存留下來的是自然的法，沒有生、老、病與死，稱為解縛，空，無作：這些詞的意思都一樣，只不過是世俗的安立。你必須學習，這樣才能專注於心的這個沒有任何我的層面。

因此，修道、證果與涅槃並不是藉由累積一大堆的波羅蜜，並期望於來世發生的東西。有些人喜歡點出佛陀尚且要積聚很多功德，更何況你呢？想想多少世的生命已經逝去，而你卻仍未達到目標，這全是因為愚痴，並不斷為自己找藉口所致。

佛陀教導的基本原則，譬如四念住、四聖諦、無常苦與無我三相，就在你的內部，去探究並檢查，直到認識為止。煩惱、貪愛與執著也正在你的內部，去思維這些，直到獲得真實的洞見為止。之後，你就能夠捨棄，不再執著為真正的「我」或「我的」，這樣，你就能從內在的痛苦與逼迫中得到解脫。

如實地在修行之道上努力

不要一直找藉口了，譬如想藉由某些神力或等待去積聚波羅蜜。不要以這種方式思考，而要想煩惱在現前當下是個什麼模樣：是加以消滅比較好，還是認同比較好？如果認同煩惱的話，還會不會有痛苦與逼迫呢？你必須向內尋找真相，這樣才能滅除愚痴，以及認為這個遍身都苦的身是真正快樂的執迷。

因為我們不睜開眼睛，以致於深陷於這個執迷中，這就是為什麼我們必須持續討論這些問題，提出忠告，並發掘真相，這樣才會生出覺照與覺知來認識自己。你們已經開始覺知到東西，承認至少在某種程度上，確實有煩惱與苦存在於內在，這個很好。我們談論這些事，討論如何思維並觀察身體、感受、心及心的各種狀態，以消滅痛苦與逼迫，這樣才能夠藉由放下擾亂並灼燒這顆心的煩惱而減少痛苦。我們的覺照與覺知會逐漸將煩惱與貪愛從心中滅除。

如果我們確實地在這種修行上努力的話，會大大地減少痛苦，這樣就會吸引其他人來跟隨。我們不需要作廣告，因為他們必然會注意到，更不必吹噓我們所得到的境界或得到什麼學位。在這兒，我們什麼都沒有，所談論的全是痛苦、逼迫、煩惱與無我。如果我們以覺照與覺知來認識，就能淨除煩惱、貪愛與執著，於是好的結果就會立即出現在我們的內在。

現在我們有這個機會，更應該作一致性的努力以求得進步。不要讓你的人生在煩惱、貪愛與執著的影響下度過。你應該在每一天的每一刻努力修正自己，肯定能在修道上進步，以摧毀煩惱，並消滅痛苦與逼迫。這種犧牲煩惱或我見，非常重要，因為它所帶來的酬報是，在心的當下，每一刻都很平靜、正常和自在。因此，這樣的修行確實值得用心去做。如果你對找出並摧滅煩惱病、痛苦及逼迫的修行毫無興趣，就會像愚痴的人一樣陷在循環不止的痛苦中。

當誘惑這個魔王試著告訴佛陀，七天之內他就可以成為轉輪聖王，企圖阻止他的努力時，佛陀回答：「我已經曉得了！不要試圖欺騙或誘惑我。」因為佛陀有能力立即知道這類事，所以魔王一再地被擊敗。可是你的情形如何呢？你是佛陀的弟子還是魔王的弟子呢？任何時候當誘惑生起時，你立即跟著走了，完全跟隨著魔王走了，一點也沒有疲憊與平靜之感。如果我們真的是佛弟子的話，就必須逆著煩惱、貪愛與執著之流而行，在美好的品德中栽培自己。首先從道德著手，這樹立了保護我們最理想的原則。之後，在戒的基礎上培養心的平靜，然後運用覺知以看到無常、苦與無我，我們便能從痛苦中解脫。這是一種高層次的覺知，你曉得吧，是一種穿透無我的覺知。

不管怎麼說，重點是不要相信你的煩惱。即使心中可能仍有無明或貪愛的隨眠煩惱，但一定要持續運用覺照與覺知，視為你認知、放下並將事物清理乾淨的工具。當這些隨眠煩惱過來誘惑你時，停下來並放下，拒絕跟著它們走。這樣，欲望就會逐漸鬆開，退縮，終至止息。

所以在訓練這顆心時，必須把欲望當成戰場，正如對治某種癮的方法：如果你沒有擊敗它的意願，就無法避免一再成為欲望的奴隸。你必須利用覺照為護盾，覺知為武器，切斷並摧毀欲望。這樣一來，你的修行會穩定地進步，能夠愈來愈精確地知道煩惱、貪愛與執著的動靜。

用佛法淨除並放下煩惱

在你的修行裡，如果能解讀並辨識這顆心，就可以依隨著聖人的足跡找到逃生之路。可是如果你看不到，就會認為道路不存在，證果不存在，涅槃不存在。唯有當你消滅煩惱時，才會覺知。你必須消滅煩惱，才能知道道路、證果與涅槃真的存在，而且確實能夠滅除痛苦與逼迫。這是沒有時間性的，不論什麼時間或季節，只要你有覺照地停住並放下，那兒就沒有痛苦。當你一再地學習這一點，並且愈來愈頻繁，煩惱就會愈來愈微弱。這就是被稱為親證的理由：你可以邀請其他人「來看」，因為所有這麼做的人都能消滅煩惱與痛苦。一旦他們思維直到看到無常、苦與無我，就不再有執著，心就會變成法，會很自在。

不需要對外在的神明或任何東西感到興奮，因為修行的成功就決定於心。深入觀察心，直到通徹地穿透自己，掃除所有執著，然後在你的心內就會有這種親證——「來看吧！來看吧！」可是如果還有任何煩惱存在的話，那麼就是「來看吧！來看煩惱正在灼燒著我！」這兩方面都可以修，曉得吧。如果你淨除了煩惱，放下，並停下來，那麼就是「來看煩惱是如何走掉的，心在現前當下如何是空的」。這是任何人不須費太多力氣就能自我徹底覺知的。

轉而觀察心，並不困難，曉得吧。不必跋山涉水地去修煉，而是你在任何時間、任何姿勢都可以看著這顆心。真實的與虛假的全都在你的內部，可是如果不向內研究自己，就不會知道這些，因為你把全部時間花在研究外在的、世間的、世俗人所研究的事了。如果你想探究佛法，就必須轉過來向內，看著這身體、感受、心與心的各種狀態，直到明白身體不是你或你的這個真理為止。身體是無常的、苦的與無我的；感受是無常的、苦的與無我的；心也是無常的、苦的與無我的。然後看到心的各種狀態：是無常的、苦的，它們生起、持續、然後消滅。如果你不執著，並能夠在法上淨除有一個我的感覺，心也就自在了。

如果你有正確地理解，心真的很容易處理；否則，情形就正好相反。就像打開電燈的開關，如果按「開」的扭，就立即光明；如果按「關」的扭，就是黑暗的。心的情形也是這樣，如果認知是錯誤的，心就是黑暗的；認知是正確的，心就是光明的。然後看看是不是真有任何東西值得黏著？如果你確實向內看的話，會發現根本沒有，因為你所能執著的一切都是痛苦的、逼迫的，全是愚痴、遐想、夢幻，跟事情過不去，是自我、他人無意義的閒話，以及無盡的新聞報導。如果你專注於探究這顆心的話，那就什麼都沒有，除了放下並變得空與自在之外，什麼都沒有。在這兒，法輕鬆地生起，就像煩惱在另一面生起時一樣輕鬆——因為你現在從一個不同的角度觀察，而且有權力選擇：我要的是黑暗還是光明呢？我應該停下來還是繼續追逐呢？我應該是空的還是束縛的呢？全都由你決定。

佛法很好，也很美妙，如果你以正確思維出發的話，就能完全了解。倘若你在任何時候被拌住了，要能檢查並思維，看看自己究竟還執著著什麼。要像這樣不斷地反覆檢查，全貌就會清楚了。

在追隨煩惱法上，我們已經很在行了，現在必須反過來依著覺照與覺知的法而行。不斷地反覆檢查煩惱，不要輕易就屈服。你必須抵抗煩惱的威力，並且拒絕認同。這時候，你才真正開始明白真相。當你真正覺知時，一切都停下來了：貪愛停下來了，你的遊蕩也停下來了。愛與恨這個知見掃除了一切。可是如果你不明白，就會不斷地屯積事物，直到自己完全陷入為止，想去安排這個，調整那個，想要這個，拒絕那個，任由我見滋長它醜陋的頭。

對這個情形要如此思維：你就是一間大型劇場，放映著一部真實的戲，其中的巾幗英雄及壞蛋們這些世俗的假定，全在你的心中。如果你將世俗的假定和設立一層層剝掉，除了法的自在與空之外，什麼都不剩，那麼空無任何我見，便足以結束這齣戲。

第四章

靈丹一帖：給病中的禪修者

在病中思維「空」的眞義

生病是每個人都有過的經驗，可是那種仍然可以做自己的事的病，就不能稱作是病，這是人類的正常現象。可是說真的，當身體處於正常狀態時，仍是生病的，但人們通常並未覺察生理與心理在剎那剎那中持續不斷地衰老這種病。

當人們尚健壯且可以工作時，被自己的念頭與牽掛席捲而去，這才真叫作放逸。但比起臥病在床的人，還是不能相提並論的。臥病在床的人很幸運，因為他們有機會除了思維逼迫與疼痛之外，什麼也不做。他們的心不執取任何物，也不去其他地方，能夠一直思維疼痛，同時也一直放下疼痛。

你看不出這個差別嗎？當你的心捲入活動，這顆心的「空」是在「遊戲」空、模仿空，並不是真的。可是當你躺在那兒時，思維無常、苦與無我就出現在你的身心，這對你非常有利益。不要想說是「你」在不舒服，當它們生起與消滅、生起與消滅時，就只觀察它們為身體與心理的自然活動罷了。它們不是你，它們不是你的，你對它們並沒有真正的操控力。

觀察這些！究竟你在什麼地方有操控力呢？這個現象對世界上的每個人都是如此，你並不是發生在身上唯一的一個人。所以，不管你患的是什麼病，並不重要，重要的是心所患的病。通常我們並不太注意自己的心患了各種病，也就是煩惱、貪愛與執著的病。我們只注意身體的病，恐懼所有可怕的事會發生在這個身體上。可是不論我們多麼努力地以恐懼來杜絕事情，當發生的時機來臨時，不論你服什麼藥來治療身體，也只能圖個暫緩執行罷了。連過去那些沒有受過重病之苦的人也不再與我們同在了，他們最終還是要離開自己的身體。

當你不斷這麼思維時，就會從內正確地看到無常、苦與無我的真理，漸漸地，對事物就愈來愈不執著了。

當你試著修煉並放下時，是誰在那兒呢？「你」是那個正在受苦的人嗎？或者說這只是法的一種顯現呢？仔細地檢查，就會明白實在不是「你」在受苦。這個疾病不是你的疾病，而是身體的病，是色身的一個病。最後，色身與心理活動總是變化無常的，苦即在無常變化中，無我即在無常變化與苦中。可是你必須專注在這上面，觀察並思維，直到清楚明白為止。要清楚地建立這個知識，那麼就在那兒，你能從痛苦與逼迫中解脫；就在那兒，你會熄滅所有的痛苦與逼迫。至於這些蘊集仍會繼續依著自己的所為而生起，老化，生病與死亡，當它們的因與緣盡時，便死亡並進棺材。

有些人在身體健康並覺得滿足時，突然意外死亡，不知道究竟發生了什麼事，心中對發生的事一無所知，比躺在病床上的人還不幸。臥病在床的人還有疼痛的感覺可以思維，藉此培養覺醒。所以你不必怕痛，如果痛的感覺要發生，就讓它發生吧，但不要讓心跟著一起痛起來。然後，問問自己：在當下，心是不是空無「我」與「我的」呢？

繼續觀察。持續不斷地觀察，直到事物變得真正地清晰，那就夠了，不必到其他地方尋找任何事物。當你能夠治癒疾病或減輕疼痛時，這是正常的；若疼痛沒有舒緩，也是正常的。可是如果心真的沒有「我」和「我的」，自身也就沒有苦。至於蘊集的疼痛，則根本不用考慮。

所以要認為自己是幸運的。躺在這兒，面對這個疾病，使你有機會在每一個時候修煉內觀。不論在醫院或家裡都不重要，重要的是讓心處於空的狀態，空無所有的標籤及意義。你根本不必標明自己身在何處。

這是因為蘊集不是你的所在之處，它們並沒有任何住於內在的人，並沒有任何「我」或「我的」。當心像這樣子時，根本不需要任何東西，不必在這兒或到任何地方去。這是痛苦與逼迫的絕對終極。

當心不再耽溺於喜悅或痛苦的滋味時，就和它的本性一致，是自在的。不過，我要求你們仔細觀察心——當它是空的；當它不摻和任何想得到東西的欲望；當它不要喜悅或者試圖趕走疼痛的狀態。

當心與其本性一致是空的時，在心之內沒有擁有者的感覺，心的本身也沒有任何標籤。不論心中生起任何念頭，心都視為是沒有實質性的，是空無自我的，有的只是一個感受，然後就消逝；僅是一種消逝掉的感受，如此而已。

所以，你必須觀察這些生起、然後消滅的現象，持續不斷地觀察當下的現象，於是心將是空無一物的，在那裡面，心對生起與消滅不賦予意義或標籤。至於生起與消滅，那是蘊集隨著它們的正常本性的特性，這空無一物的心並不捲入，不執著，這是一個你們可以運用的點。

你不能防止苦與樂，無法阻止心去貼標籤並形成思想，可是你能賦予這些一個新的用途。如果心標示某種疼痛，並說「我在痛」，你必須仔細閱讀並思維這個標籤，直到明白這是錯誤的為止。正確的標籤應當標示這個疼痛不是我，是空無一物的。或者如果有一個思想說「我在受苦」，這類思想也是錯的。對於自己的思維，你必須採取一個新的方法，要看到思想是無常的、苦的與不是你的。

所以，無論生起什麼，檢查並放下正在面前的東西。只要確定不貪執，心就會依著本性繼續處於空無狀態。或許沒有令你不安的念頭，取而代之的是強烈的疼痛浮現，或者某種不正常的情緒正在發作，但不論發生什麼，你必須直視進去，一路直到透入心上的感受。一旦生起一種此心乃空無一物之感，如果有任何干擾或不開心的感覺，你會知道這個心所產生的見解是錯誤的，於是正見立即接手，錯誤的知見就被消滅了。

為了維持這種認知的基礎，首先必須練習約束這顆心，同時將集中注意力，思維逼迫與疼痛的現象，一直這樣做，直到心在心的空靈中得以保持住立場為止。如果能夠堅持這一點，就在心空的地方，痛苦最終的消滅就會在這兒發生。

不過你必須持續地修煉這一點，任何時候當疼痛生起時，不論強不強，都不要貼標籤或賦予任何意義；當喜悅生起時，也不要視為是「你的」喜悅。只要不斷地放下，心就會得到解脫，而沒有任何對「自我」的貪愛或執著。你必須一直將全部的覺照與覺知應用在這一點上。

覺察事物眞實的本質

你要視自己是有福報的，你正躺在這兒生病並思維疼痛，有這個機會全力培養道業，得到洞見，並將事物放下。現在沒有任何人有比你還好的機會，人們四處奔波，就算他們說自己的心不執著，也無法跟你相比。一個躺在病床上的人有機會在每個呼吸的進出中培養洞見，這是一個徵兆，表示你沒有浪費自己得人身的這一生，你已修煉佛陀的教導到了在事物真實的本質上獲得清楚認知的程度。

事物真實的本質，在表層上說，指的是現在的現象和五蘊的變化歷程。你一再地解開這些密碼，直到你看破了，失去味口，並放下為止。當心處於這種狀態時，接下來就是善巧地思維，看出之所以是空的道理，一路觀到究竟的空那兒，一種清楚地進入內在深層的真實相，在那兒，沒有摻和任何思想，無生亦無滅，完全沒有變化。

當你正確地從表層看到事物的本質時，對你來說就完全清楚了，心便放下了。那時候，你自會清楚地看到在內層的究竟是些什麼，一切的生死輪迴都空了，沒有摻和任何東西，這是空的最究竟之相，沒有名言符號，沒有意義，沒有貪愛或執著。我所要求的是你在自己的心中看到這一點。

心的一般性的空，在一個層面上來說是有用的，可是並不完整。真正的空也是空的，直到它在內層觸及事物的真實本質為止，這是真正值得挖掘和認識的東西。

你必須親自去認識這些，沒有任何語言足以描述，可是我們能藉由指導來討論，在你完全放下一切，在所謂的滅盡無餘之時，它是會出現的。

如果你繼續在每一天、每一個時候培養洞見，心在滅盡無餘這個點上會自行發生。心自己會知道。所以，不要捲入苦受或樂受，使得心擾亂了自己，而要鍥而不捨地專注在穿透心上面。

你有沒有察覺這個情況跟你健壯時到處奔波，想這個、想那個時，有多麼的不同？這就是有很多苦並沒有壞處的原因。壞處在於我們愚痴地為事物貼標籤，並賦予意義上。當某人生病或死亡時，人們錐心地思維人生飛逝，卻不反省自己的生命也在消逝。或者，他們只反思片刻，然後就置之腦後，完全耽溺於心中的牽掛。他們不把這些真理帶往心中，在每一剎那觀察發生於自身的無常相，反而做這個或那個，思維這個及那個，說這個及那個，直至失去了方向。

當你在修觀時，並不是休一個月或二個月的假去作的特別閉關，那並不真實，跟你現在所做的事不能相比。你在這兒的每一天，除了睡覺之外，都能終日終夜地修。尤其當疼痛的感覺很強烈時，對你的禪修很有利益，讓你終於有機會認識無常是什麼樣子，逼迫與痛苦是什麼樣子，無法控制事物時又是什麼樣子。

你必須就在這兒，就在眼前找出來，因此不要試著逃避疼痛。要修觀，去看到疼痛的真實模樣和法的真實本質，然後持續地放下。如果你這樣做，就絕不可能走錯，這就是解脫痛苦之道。

這是一件在死亡之前要做的事，不能等到死去或臨死時才做。你必須持續地做，不斷地「洞察」。當疾病減輕時，「洞察」它；當疾病變得嚴重時，「洞察」它。如果你能夠這樣持續地培養洞見，心就會克服愚痴與迷惑。換句話說，像貪愛與煩惱就不敢像以前那樣騷擾這顆心了。

所以，讓全部的覺照與精神全力以赴。現在你有這個機會去修習佛法，就讓此生是你的最後一生，不要讓任何東西再出現。如果你再來出世，事情將重演，正如現在的情形一樣，同樣的老套，一次又一次地重複著。一旦有生，就必然有老、病與死，和煩惱一樣，強迫你去經驗煩惱所不斷翻攪起來的好與壞，這就是苦的循環。所以，最好的事便是從輪迴中解脫，不要讓自己再渴求任何東西，因為你所要的一切，都與無常、苦與無我的東西歸在同一類。

欲求只是煩惱與貪愛的一種形式，你必須在這些東西的教唆處予以消滅：那不外是除了對欲樂、對生、或對不生的貪愛，也就是心中各種會導致生的隨眠煩惱。所以就在這兒思維。就算在跟境接觸時，貪愛會導致生，把你的認識安放在這顆心上，就在神識本身，就讓放下認知的認知立在那兒。這是一件要一直練習，直到你精通為止的事。

這種放下認知的認知非常有用，不黏著、不執取你的認知與看法。如果這個認知是正確的，你放下；如果你的認知是錯誤的，你放下。這就叫作認知不黏著式的放下認知。這類認知使得心不執著於任何生起的東西。一旦你認知到某個東西，你便放下；一旦你認知到某個東西，你便放下……，心就只不斷地保持空性，即空無心思及各種思想，空無會影響心的每一類幻想。心很快地會看透這些並放下，認識然後放下，不執著任何東西。剩下的便是空。

你已經從自己的修行中一步一步地看到成果，從思維事物並放下，甚至放下「你」就是那個受苦的人，「你」就是那個垂死之人的念頭。苦與死亡是蘊集的事，如此而已。當這個認知是清楚且確定的：它不是「我的」事，根本沒有「我」，有的只是一個空蕩蕩的心，其中沒有任何標籤或符號。這便是心的本質，沒有那些以前令它自以為應當是這個或那個的隨眠煩惱，我們已經放下了，把認知設定在心上，並放下任何生起來的認知，直到心在裡面以及本身是空蕩蕩的、清晰的為止。

當我們向內覺知神識時，依著它的本性生起、然後消滅，完全不含任何實質——當你觀察神識的屬性時，這便是你所觀察到的，如此而已。當它不捲入身體或心理現象時，就只是覺知它自己——只是覺知而已。那叫作心，如此而已；或神識的屬性，如此而已，於是它放下自己。當人家告訴你去認知，然後放下這個認知，意味著認知這個覺知事物的神識，然後放下。

至於識蘊，那是製造麻煩的神識。在這類神識裡的隨眠煩惱不斷地迅速增長，想要緊緊抓住有一個我的感覺。雖然識蘊能放下身體的疼痛，或身體或心理的一般活動，卻仍緊抓著有一個我的感覺。所以，當人家告訴你去覺知放下認知時，意味著放下這一類的神識，直到神識對自己不再有任何標籤為止。那時候它是空的。如果你明白這一點，或從這個角度整頓自己的心靈，就不會有任何東西留在那兒。疼痛、痛苦與逼迫，你所牽掛的一切，會變得毫無意義，不再有任何好的、壞的或其他感覺，對立的二元將不能夠作用。如果你以這種方式來認知，也就是放下認知的認知，純然不雜的只是神識，便可防止心作任何可能的擺佈。

對立的二元會擺佈好的與壞的，但實質上它們根本什麼都不是——它們生起，只不過是這樣而已；它們消滅，也只不過是這樣而已。現在，我們終於開始認識到這個對立的二元，支使並擺佈著這個心或神識，讓心陷入無窮無盡的循環。當你認識了這個放下認知的認知時，就在神識本身，二元對立就不再具有任何意義了，再也不執著於好的或壞的、樂的與苦的、真的與假的或任何標籤。你就只是不斷地放下。

甚至這種放下認知的認知，本身也沒有像「我認知」或「我看到」的標籤。不過，這在較深的層面，你必須努力清楚地正確觀察，持續地以機敏的方法向內觀察。觀察的機敏是非常重要的，這樣才能導向覺悟。你的認知必須是機敏和善巧的，否則對事物真實本性的覺知，不論內層或外層，就不會明晰，而停滯於空的初淺層面，不斷以一種只會令事物持續增長的方式而貼上標籤，並且執著。那一類的空就是無法跟這一類的空相比——在神識上放下認知的認知，如此而已。要確定這一類的認知不間斷地持續著。如果你在片刻間閃失了，只要立刻回去就好。你會明白當不執著於標籤或意義時，善念與惡念自然會停下來，會消滅掉。因此，當佛陀告訴我們去觀察這個世間是空的時，我們就以這個方法來觀察。

不要給事物貼標籤

所謂的空，即顯示在這顆心不賦予事物意義、不擺佈、不執著的事實上，在這一類心態下是空的。一旦你正確覺知這一種空的心，就完全不會再被任何東西拐走。可是如果你不確實地像這樣專注下去，就只會有一丁點微弱的空，而你會發現自己因為這個及那個而分神，於是破壞了這個空。那一種空，是困惑中的空，你仍然陷於困惑中，因為你並沒有思維到較深的層面，你只是與空玩耍，如此而已。較深層面的空要求你必須專注並持續地觀察，直到徹底清楚事物的真實本性，也就是現前的現象就在你眼前生起與消滅為止。這一類的心不會耽溺著，執著於意義或標籤。

如果你正確地看到這一類的空，就不再有問題了，對身體與心理現象的蘊集也就不再有標籤。當全部要瓦解的時刻來臨時，沒有任何可令人興奮或憤怒的，因為根據它的本性，這是一條必然要走的路。只有當我們執著時，痛苦才會生起。

佛法正在我們的身與心這兒，只是我們沒有看到罷了；或者我們看錯了，執著於它並產生痛苦。如果我們以覺照與覺知的眼睛來觀察事物，還有什麼會令我們痛苦的呢？為什麼有必要去畏懼疼痛與死亡呢？就算如果我們真的畏懼疼痛與死亡，我們又完成了什麼呢？生理與心理現象依著自己的方式運轉，是無常的、苦的，同時不是我們所能控制的，全都以自己的方式來展現。我們抓取、執著，認為它們的逼迫與疼痛是「我們的」逼迫與疼痛，但這怎麼會是我們的事呢？如果我們在每一個呼吸間明白是執著導致我們一再地受苦，我們所必須做的就只是放下，然後就會明白痛苦的解脫如何就在眼前展現出來。

所以要繼續觀察，依照我所描述的方法去做，直入這顆心。可是完全不要貼上這是「心」或任何東西的標籤，只要讓事物在它們之上以及在它們本身，是它們就好，如此而已，這就夠了。你完全不需要賦予任何事物意義或標籤，那將會是苦的盡頭。當事物以最究竟的方式消滅時，就是在當神識元素的屬性解脫了會進一步引起生死輪迴之隨眠煩惱的這個點上消滅。就在那兒，一切都停止了，再沒有像再度投生或再度死亡那種事了。

這種修行，你必須親自去做。如果你以覺照與覺知清楚地、正確地認識事物，你的手中將握有非常鋒利的工具。如果心被訓練得很敏銳，以覺照與覺知作為思維自己的工具，那麼煩惱、貪愛與執著會不斷地被根絕及清除。你可以從自己已經修的量看出這一點，難道它們不是已經被清除掉一些了嗎？心不必擔憂任何事，不用捲入任何事物中，全然放下外在的一切，然後繼續放下，直到心放下自己為止。當你做到這一點時，怎麼可能看不到佛法的殊勝價值呢？

心空無執著，空無任何我，我希望你們清楚這些要點，就會明白除了法之外，什麼都沒有。在你的覺知中，要明確地認識這一點。希望在每一個剎那裡，它都出現於你的心中，猶如它是湛然獨立似的。

＊　＊　＊

當心已經到達一個基本層面的空時，聆聽佛法非常有用，就像一帖充電劑。因為當我們生病時，往往會有疼痛產生，一旦我們完全不理會，疼痛就成為只是身體的一件事，根本與心無關。當你在傾聽時，要注意這一點。當你聽到我的話，心就放下了疼痛，讓它成為自己的事，於是心就空了。

別讓心陷入疼痛的困境中

一旦心踏實地看到一切因緣生法都是無常的真理，就必然會放下執著。現在的問題是我們還沒有真正看到這一點，或者還沒有以善巧的方式來反觀。不過，只要我們做到了，心總會變得明靈，清楚地認知會立即讓心明亮起來。所以要持續地仔細觀察事物，就算你看得並不多，當心平穩地保持在中立不倚及空的層面時，就只是覺知著它就好，那麼心就不能把身體上的疼痛擺佈成大問題，你也就不必執著了。

所以，繼續保持你對疼痛的覺知，維持在僅只是身體感受的層面。這可以是身體上的疼痛，可是不要讓心跟著痛起來。如果你真的讓心跟著痛起來的話，心會迅速地屯積東西，一層一層地堆積上去。所以，第一步是保護這顆心，放下事物，然後轉而向內觀察你的覺知中最深刻、最內層的部分，然後就停在那兒。你不必捲入外在的疼痛。如果你僅是試著忍受疼痛，那麼疼痛的感覺可能會超過你的負荷。所以，把深藏於心的這個層面找出來，你就能夠把其他事放在一邊了。

現在，如果疼痛是你可以觀察的那一種，就努力去觀察，心就能夠停在正常且中正不倚的狀態，安靜地住於自己內在的空。當每一個疼痛變化並消失時，要注意觀察。可是如果這個疼痛很強烈時，就轉而回到內部；因為如果你無法處理這種狀況，貪愛就會悄悄混進來，把疼痛推開，並想得到一些喜悅。這個情形會持續地迅速增長，將心置於一個可怕的困境中。

所以，下手處是解決手邊的問題。如果這個疼痛來得又急又猛，就立刻轉而把全部的注意力置於心上，你不要跟這個身體有任何關連，也不要跟身體的疼痛有任何關係。不要觀察它們，也不要注意它們。專注於跟覺知的最深層在一起，直到你能看到心的清淨狀態，這個狀態不隨著身體的疼痛而疼痛，並讓這個狀態一直保持著清晰。一旦這一點始終都能很清晰時，不管身體有多麼地疼痛，也不過是心理與生理的事。但是，心並不與疼痛糾纏，而是把這一切都放在一邊，放開，並放下。

當你熟習這一點時，這是一個非常有用的技巧，因為人生重要的事情並不在外面，而全都在乎於心。如果我們正確地了知這一點，就不必到外面去抓取這個或那個，完全不需執著任何東西，因為一旦我們執著的話，只會引起不必要的痛苦。這顆心的健康端賴於不執著任何事物、不想抓取任何東西上。就在一切痛苦與逼迫消滅於心的那個點上，找到我們的安樂。

然而，如果我們並不真正地了知事物，心就不願意放下，而會繼續緊緊地抓著，因為心在外在事物上找到那麼多美妙的滋味，任何牽扯到痛苦與逼迫的事物都是心所喜歡的。

我們必須專注地深入思維與觀察，看到心的幻相。不正確的知見及看法會將心覆蓋住，並阻止我們看到心本然空寂的那一面。專注地思維這些看法，因為它們會生起複雜的執著而將心蒙蔽，直到心陷入窘困之境為止。觀察心理活動，如感受、分別與心思如何制約了這顆心，並制約了神識的屬性，直到陷入窘迫的處境為止。

這就是為什麼要找出這種放下認知的認知。在心的活動還沒進來要制約神識的屬性，或者當神識的屬性還沒有出去制約心的活動時，都純淨不雜地認知著神識的屬性。就是在這裡，事情變得非常有興趣，尤其是制約神識的各種心行心思。這來自愚痴，對吧？正是因為我們的不知或不正知，所以愚痴才能夠制約事物。

所以，我要求你們專注於這個無明和不知上。如果你能夠認識不知的特性，這個同樣的認知也會認識心行心思到各處去制約他物時的特性，以及應如何消滅這兩者。要做到這一點，必須有善巧的觀察，因為它是微細且深奧的。

不過不論這有多麼微細，我們已經在這一層面培養自己的覺照與覺知，就意味著對這件事必須是有心的。如果沒有心的話，就不可能結束痛苦並從中得到解脫。

或者，如果你想的話，可以這樣做：堅定不移地專注在心始終是空的這一層面上。當形相與眼睛接觸、或聲音與耳朵接觸時，以及其他類似的情形，如果有任何牽掛出現其中，覺知感受本身的特性。有的只是純然的感受，之後，在作出任何意義，像「好的」或「壞的」的結論之前，就消逝了。如果出現的只是純然的感受，之後就消逝了，那麼就不會有痛苦了。

持續看心如何改變

當形相與眼睛接觸時要非常細心地觀察，有一些事物，如果我們不感興趣的話，就不會生起喜歡或不喜歡的感受。可是如果我們很感興趣，或者覺得這個形相、聲音、氣味、滋味或觸受蘊含著某種意義的話，你就會注意到，一旦賦予這些東西某個意義時，執著就在那裡了。

如果你停下來觀察，會明白執著很微細，因為在賦予意義這個簡單的動作上，執著已經存在了。如果你以膚淺的態度來觀察，就不會看出這就是執著——雖然執著就是那個樣子，只不過非常微細罷了。一旦某個意義生起，執著就出現了。要做到這件事的要求是，你必須柔善而機警，因為在眼睛和耳朵的接觸上，我們多半已習以為常，很多戲法會在同一時間發生，這意味著我們並未覺知到認知每一感受的神識特性。如果我們想要認識這些的話，就必須非常謹慎警覺。如果我們無法覺知到這一層面，一切都將緊緊地綁在執著裡，這些東西會不斷地向心送出報告，制約並搞出各種問題，讓心或神識完全陷入混亂中。

所以，如果我們想要清楚地觀察內部，必須非常的機靈，因為內在事物是微細的、難以捉摸的，以及敏銳的。當心似乎是空的與中立不倚時，你真的需要保持仔細的觀察與控制，這樣才能看清楚接受感官碰觸時的感受。有的只是碰觸本身，如此而已，然後便消逝，之後心就是空的──中正不倚與空的。一旦認識了這一點，就會覺知到心不受煩惱、貪愛與執著的威力制約時，是個什麼模樣。我們能夠運用心的這種空為比較的標準，將帶給我們極大的好處。

歸根結底地說，你會看到所有感官觸的空相，正如佛陀的教導說你應該看世間為空。佛陀的意思是說，你觀察純粹的感受不過為生起、然後消逝而已，而你曉得當神識除了接受外境之外，什麼都不做時是什麼感覺。如果你能夠看到這一點，接下來的修行就一點兒也不難了，因為你已經在起步時就奠定好中正不倚的態度。接受外境這一動作不再是複雜的，心不再緊抓著事物，不再感覺任何喜歡或不喜歡，心就只是安靜的，並一直全方位地覺知著自己的內在。如果你能做到這麼多，會發現你讓事情單純化了，不以煩惱、貪愛與執著的威力去摻和事情而獲得利益。做到這一點，就能解決很多問題。

然後，當你再深入地專注，並看到透過感官接觸所認知到的一切現象之本質時，會明白有的純粹只是感受而已，完全沒有任何值得執著的事物。如果你以真實的覺照與覺知來觀察的話，會看到空。縱然這世界充滿了事物，眼睛看到很多形相，耳朵聽到很多聲音，可是心不再賦予事物意義；同時，事物本身由內到外也都不具意義。

唯一重要的就是這顆心。所有問題都來自於跑到外面並賦予事物意義的心，並引起執著，製造逼迫與痛苦。所以，你必須觀察，直至看到底為止。往外觀察，直到你一路看到外；往內觀察，直到你一路看到內；一路地修，直到你穿透無常、苦與無我為止。如其本然地觀察事物，裡裡外外都如此，就其本性而觀察，不賦予任何意義或執著，這樣就不會有任何問題，心會是空的，清淨明朗，你不需要對它做任何事。

因為心染上了愚痴，或那種很容易就生出東西的貪愛病毒，所以你不可以掉以輕心。起步時，你必須仔細地監督事物，在接觸發生的那一剎那就看到貪愛的生起。譬如說，當某種疼痛的感覺出現時，如果你不標示為「你的」疼痛的話，貪愛就不太能有什麼行動；可是如果你賦予疼痛那種意義，就會出現把疼痛趕走，或讓喜悅進來以取代疼痛的欲望。

縱然我們從來沒有從欲望中得到任何真實而可靠的東西，這一切還是依然如此。我們從欲望所得到的喜悅並不持久，欲望愚弄我們之後就變成另一個東西，痛苦愚弄我們之後也變成另一個東西，這些變化在心中不斷地增長並愈來愈複雜，使得心變得愚痴。心已經在這麼多方面被制約了，因而變得慌亂、迷惘、黑暗與窒息。

在這兒，所有的一切都是窒息性的，這就是為什麼放下認知的認知這個方法是如此重要的工具。不論什麼事物衝著你而來，放下認知的認知就足以帶你穿透過去，並處理一切事物；如果退失了，只要再回到同樣的認知就好。你自己看看能支撐著你多長的時間，能讓心處於多麼中正與多空的狀態。

你能夠逐漸看清這一點，當心不再那麼耽溺時，當心處於一種基本的正常狀態，也就是空的、安靜時，看住並仔細分析。不要讓心逐漸滑入一種健忘冷漠的狀態，否則會失去平衡。如果你正處於一種不覺知的狀態，那麼一旦在感官門頭有任何接觸發生時，一旦某種感受生起時，執著與貪愛肯定會生起。你必須持續地觀察心如何改變，在每一個時刻裡，心如何地活動。一旦覺照退失，立刻回到原來的認知狀態。由於愚痴的隨眠煩惱，我們都有退失的時候，而所有隨眠煩惱中最重要的，仍然在這顆心裡。

這就是為什麼我們必須持續地努力訓練觀察力、檢查力，以及專注攝持的覺知力，這樣才會愈來愈清楚。持續不間斷地去成熟你的覺照與覺知吧！

善巧地檢驗我們的心

一旦覺照與覺知夠成熟，可以讓你善巧地認知事物，你就能在煩惱生起的當下將煩惱消滅。一旦你開始感覺喜歡與不喜歡時，就能在演變成任何東西之前處理好，這樣事情容易多了。如果你放鬆，讓煩惱制約這顆心，讓心變得忿怒、陰沉與混亂到影響到你的語言與行為的程度，那麼你就處於非常可怕的困境，就在這一輩子裡墮入地獄。

佛法的修行需要我們靈巧與謹慎地在心上用功。煩惱總是時時戒備，能夠即刻出動來諂媚我們，蒙混進來成為我們的鍾愛。如果我們不夠善巧，不知道如何將心保持在嚴密的監護之下的話，就無法跟煩惱相抗衡，因為煩惱的數量是那麼多。可是如果我們好好地監護這顆心，煩惱就會畏懼我們——畏懼我們的覺照與覺知，畏懼我們的警覺。

當心是空的時，要注意一直保持警覺，完全不執著於任何事物：煩惱會躲避，靜悄悄地，好像根本就不在那兒似的；可是一旦覺照退失，乃至只是片刻間，煩惱就即刻蹦出來。如果你能夠在煩惱蹦出來的當下認出來，煩惱就在當下消逝，這是一個應該具備的非常有用的技巧。可是如果我們讓煩惱演變到成為問題的地步，就很難消滅了，那時候我們必須堅持地戰鬥而不放棄。

不論發生任何事情，從堅持跟它們在一起開始。這不只是出於忍耐，而是要檢查這些事物，認識它們是什麼樣子，如何變化，如何消逝。我們堅持與事物在一起，這樣才能看穿它們的騙局：它們自行生起、持續與消滅的方式。如果事物在我們檢查並識破它們的騙局時消逝了，我們就永遠地處理掉它們了。這會使心處於自在與獨立的狀態，在它之內完全是空的。

如果你能夠學習在事物生起時即看透它們，同時持續讓自己有片刻的覺悟，你的覺知會變得更清楚、更有力與更寬廣。

所以要努力在片刻的覺悟這方面下工夫，最後，當事物以恰當的方式和合時，這樣的時刻就會出現，煩惱與煩惱漏在一瞬間被完全地切斷了。當那個情況發生時，之後便是涅槃，不再投胎轉世。如果你還未達至這個地步，就不斷地磨利你的刀吧：你的覺照與覺知。如果覺照與覺知是愚鈍的，就不能切斷任何東西。但不論這些事物是什麼，要持續地盡己所能的一點一點地切斷。

我鼓勵你們不間斷地修煉這一點，從每一個角度檢查並檢驗這顆心，直到達至一個地步，一切都全然地清楚，而且你能夠放下一切，秉持這種理解，在這五蘊或身體與心理的現象裡，沒有東西是「我」或「我的」。持續地試著放下，這樣就夠了。每一個時刻，當他們在醫院照顧你，並做著治療疾病應該做的事時，要確保這個獨立的、特別的覺知專門注意著這顆心——這種單純地放下的那種認知，在當下就能了結你所有的問題。

第五章

認識這顆心

慧觀與自我欺騙

討論心的訓練次第，是很重要的，因為心有各式各樣的騙局，藉此愚弄了自己。如果你在檢查與看穿心的騙局這方面不夠善巧，就算不間斷地想看住這顆心，依然難以克服。你必須刻意地用心思維這些事物，因為注意本身並不能產生真實的知見，頂多只能給你一丁點對感官觸所帶來的影響的保護。如果你無法用專注來攝持自己的思維，心就完全不能在內部生起任何知見。

這就是為什麼你必須訓練自己，同時要不間斷地覺知的緣故。當你開始認識事物的真實面貌時，除了放下、放下之外，什麼都沒有。在剛開始的層面，這意味著心不會生起任何沒有智慧或不善的念頭，只會停下來觀察並認識自己的內在。如果有任何念頭是你必須思索的，就把念頭保持在無常、苦與無我的主題上。你必須讓心單單思索並標註這些主題，一旦你的思索與標註是正確的，就會正確地看到事物。如果你走相反的路並錯誤地標註事物，自然也會以錯誤的方式看到事物，這會使得心完全看不到自己。

現在，當念頭或標籤浮現心頭時，如果你密切地專注觀察，會明白它們就只是感受罷了——生起與消滅的感受，善變的，不可靠的，而且是錯亂的。如果你不努力且持續地以專注來攝持觀察，就會栽入心思的騙局。換句話說，心就生起過去的記憶，同時用過去來製造問題；可是如果你能及時覺知，就會明白這些全是錯亂的，根本沒有真實性。甚至連在感官接觸的當下，心賦予它們好的或壞的意義這件事上，如果能夠仔細思維，會明白這些全是虛妄的，不蘊含在任何真理中。可是愚痴與迷惘卻貪愛著這些，因而驅使心跟著團團轉，不曉得這些事物究竟如何生起、持續與消滅，而開始執著，並讓自己在很多層面被欺騙。如果你不停下來並專注地思維，就不可能看透這些。

可是如果心保持平衡，停下來觀察並認識自己，就會如其本然地認識這些。當心做到這一點時，會自動地放下，不再黏著。這是透過覺照與覺知所產生的智慧。心認識，然後放下，並不貪著。不論出現好的或壞的、苦的或樂的，當心認識這些，就不會執著了。當心不執著時，也就沒有逼迫與痛苦會產生。在這一點上，你必須努力地練習。當心不貪著時，就能夠停留在正常狀態：空的，不慌亂的，而且是安靜的。可是如果心不依這種方式解讀並認識自己的話，就會落入煩惱與貪愛的圈套，變化出各式各樣複雜繁密的事情，難以被心視破，用它們的方式給心製造麻煩，讓心繼續執著，而這一切只不過是因為心被內在的煩惱與貪愛的騙局所矇騙而已。心不認識自己這個事實，不曉得各種心態如何生起、然後消逝，以及如何執取外境，表示心在很多的執著裡迷失了自己。

沒有比持續地觀察這顆心更艱難的了，因為心是那麼地習慣於不正確的知見與看法，這也就是心看不到自己的緣故。幸好透過佛陀的教導，我們還能夠理解心的內部，或穿入神識看到心的各個層次，包括那些紛亂複雜的部分。當你深入觀察這些時，就會發現都是空的，自身內外都毫無意義。

這是一個能夠清楚出現在神識中的空，雖然深藏不露且奧秘微妙，我們仍可藉由一個安靜與不動向內觀察的方法看到。心停下來向內觀察，認識自己。至於感官的接觸，如色、聲、香、味及其他，心並不感興趣，因為心單單只想對這神識作深入的觀察，看看在那兒有什麼東西生起，以及如何製造問題。感受、念頭對苦與樂的標籤等等，都是自然的現象，一旦被覺知後，立即就改變了，而且它們也非常微細。如果你視這些標籤為像這種或那種東西，就不可能如其本然地認識它們。你賦予這些標籤的意義愈複雜，迷失的程度就愈嚴重，甚至令自己迷失在層層不已的生死循環中。

生死輪迴與心行心思的歷程是相同的，因此，我們一回又一回地急速旋轉，迷失在許多層的心行心思裡，而非僅僅一層而已。能夠解讀這顆心的智慧無法切到底，因為心一回又一回地旋轉於同樣的心思中，以這個或那個角度賦予意義，然後就執著於它們。如果心認定它們是好的，就執著它們是好的；如果心認定它們是壞的，就執著它們是壞的。這就是為什麼心完全滯留於層層不已的生死循環和心行心思的循環之中。

想清楚地看到這些事物，必須在停下來並觀察這方面下功夫。要停下來並以正確無誤的方法來認識。同時，你必須運用觀察力，這才能讓你以特別的方式解讀自己的神識；否則，如果你執著於思想及標籤，就會被耍得團團轉。所以，你必須停下來並觀察，停下來並藉由專注，也就是專注於這個當家作主的神識上，清楚地認知，那麼，你的認知會變得很善巧。

歸根就柢地說，你會明白那兒根本什麼都沒有，有的只是在每一剎那的空寂中所出現的生起和消滅罷了。如果沒有執著，就沒有問題了，有的只是生起與消滅的自然現象。但是因為我們不把事物看作單純的自然現象，反而認為它們是真實的，並執著它們為自我、好的或壞的，以及各式各樣複雜的東西，以致於讓我們團團轉而不知道如何找到一條出路或應該放下什麼——我們真的不曉得！當我們了無所知時，像一個人遊蕩在森林中卻找不著出路一樣。

事實上，我們所要放下的就好端端地現在眼前，就在這顆心製造東西、然後賦予它們意義、並導致心不認識生起與消滅這個特性，如此而已。如果你能夠單純地觀察與認知，沒有任何對意義、思想與想像的需求，只是觀察這個過程的本身，就不會有任何問題。這只不過是現前的現象罷了：生起，持續，消滅，生起，持續，消滅……。其中並沒有特別的奧妙，可是你必須停下來觀察，在每一時刻停下來，從自身內去認識。不要讓你的覺知從覺知上溜走，跑到外面的牽掛上。把覺知集中在內部，就能清楚地認識它自己——那兒沒有任何值得執著的東西，全都是一堆騙局罷了。

單單認識這一點，就對你於自身中看到真相非常有幫助，你會明白神識是空無任何自我的。當你看到生理現象時，會視為是物質元素，是空無自我的。你會視心理現象為空無自我，為神識的元素，於是明白如果沒有執著和貪愛的話，也就沒有痛苦或逼迫了。

所以，就算心上的念頭正活動著，只是觀察並放下，那麼循環就會緩慢下來，心行心思的生起會變得愈來愈少。縱然心尚未完全停下來，也會製造愈來愈少的念頭。你將能夠停下來並觀察，去認知愈來愈多的東西，就這樣，你會開始明白心行心思的戲法與騙局、心的標籤、苦樂等等，能夠認識到裡面真的什麼都沒有。你之所以迷糊地執著事物是因為你的愚痴，而這個愚痴就在當下令你受苦。

所以，你必須專注於一個點上、一件事上。專注於好多件事上是不行的。保持覺照固定不動：停下來，認識，觀察。不要覺照在念頭與標籤之後苦苦追逐。不過，以這種方式來認識，你必須付出努力，要保持專注，專注於清楚地觀察，而不只是專注在使心寂靜不動。專注於清楚地觀察。向內清楚地觀察，並思維應當如何放下。依著心的本性，以一種你只能在內在認知到的方式，心就會變成空的。

認知上的差別

我們應該怎麼做才能清楚地認識蘊集這堆痛苦與逼迫的聚合物，以能夠從心上切斷對它們的執著呢？為什麼努力研讀想成為醫生的人，能夠認識有關身體的一切直至很細微的部分，包括腸子、肝臟、腎臟及所有東西，卻不能對身體培養出不貪愛與不著迷呢？為什麼？為什麼葬儀社的人將時間花在處理無以數計的遺體上，卻完全沒有得到任何洞見呢？這顯示洞見很不容易得到。如果沒有覺照與覺知如其本然地看清楚事物的話，知識只不過是個飄忽而過的空想罷了，不會刻骨銘心，這顆心就依然繼續黏著於自己的所執上。

可是如果心能夠獲得真正的洞見到了可以去除執著的地步，就能得到通往涅槃的道與果。這顯示出在認知上是有差別的。並不是說我們必須知道所有現今外科醫生所知道的全部細節，我們需要了解的是這個身體乃是由四種物質元素及空與神識所組成。如果我們真的就只認識這一點，就已經得到道與果了；而那些知道所有細節的人，即使到了可以操作精密外科手術的地步，仍無法得到任何出世的證境。

所以，讓我們來分析這個身體直到它的元素，好讓我們徹底地認識它們。如果我們這樣做，當身與心產生任何變化時，就不會有太多的貪執；但如果我們不這麼做，執著會固定下來並變得強而有力，同時會導向未來投胎轉世的生命形態。

現在我們有這個機會，就應該思維這個身體，分解開來，直到細節的部分。以禪修的五個基本所緣為例：頭髮、體毛、指甲、牙齒與皮膚，仔細地看著，一次又一個地觀察。你不必一下子就五個一起修，曉得吧？專注於頭髮，觀察它屬於地大的元素，看到頭髮的根浸在皮下的血液及淋巴液裡，顏色、氣味與住處都不可愛。如果你分析並思維這些，就不會迷懵到視你的毛髮、指甲、牙齒、皮膚為「你的」。

這些全都由地大的元素混和在水大、風大與火大中所組成，如果純粹只是地大的話，將無法持久，因為身體的每一部分必須由這四個元素組合而成，這樣才能成為一個身體。此外還有心理的活動現象，也就是這顆掌控一切的心。這些事物隨著本性而變，也就是生理與心理現象的生起、變化與消滅，可是我們加以執著，看待這個身體為我們的，這些心理現象為我們，全都是我們與我們的。如果我們不如其本然地看到這些事物，就會除了執著之外，什麼都不會做。

這就是禪修的內容：要如其本然地看清楚事物，這並非由一個主題換到另一個主題，否則就只會確保一件事——你一無所知。可是我們的內在性格受到愚痴與迷惘所左右，不喜歡反覆地檢視自己，只會不斷地尋找其他問題來擋路，因而不停地思考其他的事。這就是我們老是停留在如此無知與愚蠢狀態的原因。

可是為什麼我們又能認識其他事物呢？因為它們落在貪愛所企求的陣容裡。要如其本然地看清事物，等於是要棄捨貪愛，所以貪愛會想辦法把事物隱藏起來，它會不斷地改變，引進新的東西，讓我們持續地被愚弄。因為我們所研究及思考的，除了會增長心靈的痛苦與逼迫之外，什麼都不學，而這全是貪愛所想要的。而能在心中了斷逼迫與痛苦的學習，則會一直擋住了貪愛的路。

這就是為什麼心老是想轉移焦點去認識並追逐新的事物，以致於變得執著。所以，當心並不是真正地認識自己時，你必須付出紮實的工夫以看到真理：心裡面的東西，並不是你或你的。不要讓心在尚未得到這種認知前就停頓下來，要在自己身上把這一點定為法規。倘若心在自身內無法認知無常、苦與無我的真理，就不能自痛苦中解脫，心的認知會是世俗的，依著世俗之道而行，而無法得到導向涅槃的道與果。

所以，就在這兒，世俗道與出世之道分岔開來。如果你了解無常、苦與無我到最究竟的程度，那就是出世的；如果你不深入探究這些細節的話，就仍停留在世俗層面。

佛陀有許多開示，而這一點是一切教戒所回歸的地方。修行上重要的原則：四念住和四聖諦，全部回歸到這些無常、苦與無我的特性上。如果你試圖學習太多的原理，結果會落得無法如其本然地來清楚認知真理。如果你只專注於認知某一丁點，結果會比起試圖認知一大堆而得到更多洞見。我們抱著錯誤的知識到處走，思考並標示各種事物，可是那種專注的、特別的、真實地知道的知見，卻是絕對的，它鍥而不捨地修煉這一點。沒有必要去認知太多事物，因為當你真實地認知這一件事時，一切就都匯集在這裡了。

平衡之道

在修行佛法上，如果不在定與慧之間培養平衡的話，思維就會落得狂放不羈。如果在覺知上修得太過，思維就會放蕩不拘；如果定力修得太過，心雖停住並不受干擾，但卻沒有得到真實的知識。所以，你必須保持著覺知與寂靜不動並處於平衡的狀態，不要讓任何一項超過，試著讓修習維持著中庸之道，這時候才能清楚地把事物一路觀察個透徹。否則你會跟以前一樣迷糊，可能想要覺知太多東西，結果思維卻狂放了起來。有些人一直納悶著為什麼在他們的修行裡，覺知從來就不生起呢？可是當覺知生起時，他們卻是一碰觸就離題跑開了，思維狂妄起來，全都跑出界外去了。

修行時，你必須觀察在禪修裡如何讓心安靜下來。一旦心安靜不動時，就會趨向於停滯在那個狀態；或者會變成空的，卻對任何東西一無所知：安靜，不黏著，安樂而住地維持一段時間，卻沒有任何覺知與它相伴而生。可是如果你能夠讓覺知伴隨定力，那時才算真正得到利益，你會透徹地觀察事物，而且能夠放下。如果你太偏重於覺知與定力的任何一邊，將無法放下，心會開始認知這個或那個，並執著於自己的認知，之後，心依然認知其他事物並執著於它們；要不然，心就只是停留在極度安靜的狀態，同時執著在那個狀態上。

要讓修行維持在中道上並不容易，如果不運用觀察力的話，將會特別艱難。心會不斷地追逐事物，有時是正確的，有時是錯誤的，因為它並不觀察究竟發生了什麼事。這不是通往放下之道，而是通往執著之道——執著於事物。如果你不了解心執著於什麼，並被什麼事物所困，就會維持在愚痴與迷惘的狀態。所以，要特別努力專注地思維，直到你清楚地看到無常、苦與無我為止。毫無疑問的，這一點就會止住每一剎那的痛苦與逼迫。

平等心的作用

心的感受是微細且變化無常的，有時候在沒有感官碰觸的情形下，純粹因著個人的性格，激情或憤惱就能夠生起。譬如說，有時候心非常正常，可是突然間，憤怒出現了，或是有一種欲望想去構思各種想法，並全心地浸淫在苦、樂或平等的感受裡。我們必須思維這三類感受，看它們是如何地無常，總是變化不已以及苦的，那麼心就不會跑去糾纏在一起了。這種關於浸淫的事很微細，障礙了我們認知什麼究竟是什麼：一點也不誇張地說，這是一種幻覺。耽溺於喜悅的感受比較容易察覺，可是耽溺於平等的感受就很難察覺了。如果心以一種不覺知的態度處於平等狀態，這種不知覺的平等心會障礙我們，使我們無法清楚地察知任何東西。

所以，你必須專注於觀察感受就只是感受，並且把心從平等的痴迷狀態中拉出來。當心集中並安頓下來時，會出現平等的感受，利用這種在定中的平等受，以此為基礎去探究無常、苦與無我，而這種平等在第四禪裡便是解脫慧的基礎。只要確保你不要黏著在禪定上就好。

如果你讓心在平等中變得寂靜，沒有專注於得到洞見的話，只能算是完成一種短暫的禪定狀態而已。所以，你必須專注於得到清晰的洞見，藉著深入無常、苦和無我，那時候，你就能根除執著。如果心陷入不覺知的平等狀態，內在仍然帶著燃料，一旦感官接觸出現時，就會突然暴發成執著。所以，我們必須依循佛陀立下的原則：將心專注在禪定的狀態，然後專注在這三種特性上以獲得清晰的洞見。適當的修行方法是不要讓自己執著在這種或那種層面，不論你能夠得到什麼樣的洞見，都不要認為自己已經開悟了。一直觀察、專注並覺察心中有沒有任何進一步的變化，如果有的話，觀察那些變化的苦相與無我相。如果你能夠以這種方法來認知，心會超越感受，不再糾纏在這種或那種層面，因為這一切不過是臆想而已。

重要的是試著清楚地觀察，甚至當心正在一片混亂中編造各式各樣的東西，把這些東西視為虛幻的，然後保持不動，並觀察它們的消逝，清楚地看到它們真的什麼都沒有，全都消逝了，所剩餘的只是空的心——心在正常狀態中維持自己的平衡。專注地分析這個現象。

分析檢查心裡的疾病有很多層面，而非只有一層。如果你有了一個真實洞見，不要就停在那兒，不可以因為你以一個以前從來不曾使用過的方法來觀察事物就興奮起來。在每一個事物上，只要繼續思維無常的主題而不執著，你將得到更有穿透力的洞見。

所以，要繼續專注，直到心停下來，達到一個稱為清淨的覺照與平等的禪定階段為止。注意觀察清淨的覺照是什麼樣子。至於平等的感受，那是禪定的事，是覺照的所依，這樣它也能夠達到平等的狀態。就在這個階段，我們能夠凝聚覺知，好能進入並認知這顆心。讓心集中並處在平等狀態，然後探究並思維，那時候你就能夠看到了。

一團瀝青

修行上有一個很重要、但卻很微細的點，是我們一直被樂受所迷倒。由於感受的虛幻有很多層面，以致於我們不明白感受是變化無常的、是不可靠的。與其說感受提供了快樂，實際上除了苦以外，什麼也沒有給我們，然而我們仍然被迷惑了。

因此，感受是微妙的，請你仔細思維這檔執著於苦受、樂受與平等受的事。你必須思維並看清楚，因為你還得在苦受上實驗，次數恐怕比你預期的還要多。當身體上的疼痛或心理上的憂慮出現時，心會掙扎，因為心不喜歡痛苦。可是當痛苦轉變成喜悅時，心卻歡喜並感到滿意，因此繼續和感受嬉戲。雖然正如之前說過的，感受是無常的、苦的，而且實在不真是我們的，可是心並沒有看到這一點，心所看到的全是樂受，因而想要得到它們。

試著向內觀察，看看感受是如何引起貪愛的。因為我們想要樂受，因此貪愛開始耳語，而且就在感受的當下耳語。如果你仔細觀察，會曉得這一點非常重要，因為就是在這裡才能證得通往涅槃的道與果——就在感受與貪愛這邊。如果我們能夠在感受上熄滅貪愛的話，那就是涅槃了。

在《十六慧義經》的結語（《經集》V），佛陀說煩惱就像寬深的洪水，橫跨這堵洪水的修煉要點，即在於在每一個動作中捨棄貪愛。現在，就在感受這兒，我們能練習棄捨貪愛，因為我們眷愛感受的方式有很多種。很多人在這個地方受騙了，我們並不把感受視為無常的，而想要它是永恆的，希望樂受是恆久的。至於苦受，我們並不希望它是永恆的，可是不論我們多麼努力想把它推開，卻依然執著於它。

我們必須專注在感受上，這樣才能就在感受這個地方將貪愛棄捨。如果不專注於此，所依隨的其他方法就會大量湧出。所以，要正確地修行。當心獲得寂靜的、喜悅的或平等的感覺時，試著觀察這些感受是如何地無常，如何不是你或你的。當你能做到這一點時，就會停止眷愛那特別的感受。你可以在那個地方停住，就在心眷戀感受的風味並引起貪愛的地方。這就是為什麼心必須完全覺知自己的原因：要全方位、全天候，以專注攝持的思維來認識感受為空無自我的。

喜歡或討厭的感受是一種很難診斷出來的疾病，因為我們中感受的毒太深了。雖然心中有平靜與空的感受，我們依然被感受沖昏頭。在粗淺層面上的感受，也就是跟著煩惱而來的強烈且壓迫感，很容易被覺察出來；可是當心漸漸不動，呈現平穩、冷靜、明亮的狀態時，我們依然耽溺於感受上，渴望並很喜歡這種喜悅或平等的感受。就算處於堅固的定力或進入禪定，對感受的執著仍然存在。

這就是貪愛所具有的像磁鐵般的微細吸力，厚厚地漆在事物上。這很難偵測得出來，因為貪愛總是悄悄地說：「我除了樂受之外，什麼都不要。」這一點非常重要，因為貪愛的病毒就是讓我們繼續輪迴生死的因素。

所以要去探究貪愛如何粉飾事物，如何促使想得到這個或拿到那個的欲望之形成，以及貪愛那令人上癮的風味如何讓心難以自拔。你必須看到貪愛是如何地把心緊緊地鎖在感受上，以致於你從來不厭倦任何一種感官刺激或樂受。如果不清楚地看到心正黏著於感受與貪愛上，就得不到解脫。

我們執著在感受上，就好像一隻黏在瀝青上的猴子一樣。人們將一團瀝青放在猴子會把手沾黏上去的地方，之後猴子為了要掙脫，會將另一隻手及兩條腿、甚至連嘴也都沾黏上去了。想一想吧！不論我們做什麼，結果都是讓自己執著在感受與貪愛上，無法分開或洗掉。如果我們不對貪愛感到厭倦的話，就會像那隻黏在瀝青上的猴子一樣。所以，若想循著阿羅漢的足跡解脫自己，就必須刻意地專注在感受上，直到成功地從感受那兒解脫為止。甚至在苦受上，我們也必須修煉，因為如果怕苦而總是試著把苦受變成樂受的話，就會落得比以前還愚蠢的下場。

這就是為什麼我們必須在拿苦受，也就是身體上的疼痛與心理上的困擾作實驗時，要勇敢的原因。當苦受使盡全力生起時，就像一間著火的房子，我們能夠放下嗎？我們必須認識感受的兩面，當它是炙熱滾燙時，我們該如何處理呢？當感受是清爽宜人時，我們又如何能看透呢？我們必須同時在這兩個方面付出特別的心力，思維直到知道該如何放下為止。否則我們會一無所知，因為我們要的只是那清爽的一面，而且愈清爽愈好；如果情況真是這樣的話，又怎能期待從生死輪迴中解脫呢？

涅槃就是貪愛的熄滅，可是我們卻喜歡跟貪愛黏著在一起，那麼我們又如何能期待去任何地方呢？貪愛是一種黏汁，我們將會滯留在這個世間，跟逼迫與痛苦同在。如果沒有貪愛，就什麼都沒有了：沒有逼迫，沒有投胎轉世。可是我們必須特別謹慎，因為貪愛是一種黏液，一團瀝青，一種非常不容易洗掉的染料。

所以，不要讓自己被感受帶著跑，修行的要點就在這裡。

當世俗之見瓦解時

要讓自己平靜下來，你必須在各方面都安靜下來——在行為上安靜，在言語上安靜，在心上安靜，唯有這樣，才能思維內在發生了什麼。如果不平靜，就會捲入外在的事物中，落得有太多事要做，有太多話要說，這會障礙你的覺知與覺照而無法穩定堅固。你必須停止做、說或是思考任何無關緊要的事，覺照才能持續地增長，因此不要讓自己過度捲入外在的事物。

在訓練覺照持續不斷，以使你能夠思維自己這件事情上，必須謹慎地觀察。當感官接觸出現時，心能不能持續地保持不動並處於正常狀態？還是跑出來掉到好惡之中去了？以這種方式觀察，能夠讓你解讀並認識自己。如果覺照很穩固，心就不會動搖；如果覺照還不穩固，心就會以好惡的形式動搖。對於乃至是最輕微的動搖都必須謹慎，不要讓自己以為輕微的動搖不要緊，否則會成為一種慣性。

謹慎的意思是，對心中所生起的細節、微小的事、小的過失都要注意。一旦做到這一點，就能保護自己的心，這比起你把全部注意力放在外在世界那些毫無價值的事物上要好得多了。所以真的要試著謹慎，不要與感官觸糾纏在一起，這是你必須認真修煉才能精熟的事。如果你像這樣全然地專注在心這個部分，就能夠思維感受的所有細節，你將能看清楚，並且放下。

所以，將修行專注於樂受、苦受與不苦不樂受上，思維如何不驚動它們，讓它純然就只是感受而沒有任何眷戀。一旦你眷戀感受，那就是貪愛，對想要這個或那個的欲望會逐漸滲透並影響這顆心，讓心被內在與外在的感受帶著跑。這就是為什麼你必須安靜下來的原因——以一種不讓心迷戀上感受的方式安靜下來，以一種根除感受影響力的方式安靜下來。

渴求喜樂的欲望，就像深藏於我們性格中的病毒，我們在這兒所要做的是讓心停止抓取樂受，並趨走苦受。我們已經抓取樂受上了癮，以致於厭惡苦受並想把它們趨走。因此，不要讓心愛著樂受並抵制苦受，應該讓心不被這兩者所擾動。試著做看看吧！如果心能放下感受，而且超越苦、樂及不苦不樂受的話，就表示心不黏著在感受上。你必須認真修煉直到精熟，才能一勞永逸地放開對於感受的執取，那時你就不會執著身體上的疼痛或心理上的困擾為你或你的了。

如果不放開對於感受的執取，那麼不管感受出現在身體上或心理上，你都會執著。一旦身體出現舒適的樂受，你將被吸引。至於心理上純然的樂受，那是你真正希求喜愛的，你將被伴隨著樂受而出現的想法、標籤、心緒、甚至神識所吸引，而執著這一切為你或你的。

因此，分析身體上或心理上的樂受，加以分解，然後思維該如何放下。不要愚弄自己去愛戀這些。至於苦受，也不要趨走。就讓苦受成為苦受，樂受成為樂受，讓它們落入感受這一類別就好，不要認為是「你」感覺到樂，或是「你」感覺到苦。如果能這樣放下感受，就能從逼迫與痛苦中得到解脫，因為你能超越並昇華感受，於是當老病死來臨時，你不會執著這種是「你」在老、「你」在病、「你」在死的想法，而能夠從對這件事的執取中解脫。

如果你能完全依照這些角度來思維，也就是五蘊為無常的、苦的與無我的，就不會陷入其中並執著為「你」或「你的」。但如果你不這樣分析的話，將被困在死亡之中，連骨頭、皮膚、肌肉等等都會變成「你的」。這就是為什麼我們被教導要去思維死亡的緣故，這樣才能讓自己覺知死亡並不是指「我們」死了。你必須思維直到清楚地認識為止，否則就會被困在這兒。你必須讓自己敏銳到從某種方式看清楚你的骨頭、肌肉與皮膚完全空無自性，這樣才不會執著。如果你仍然執著，就表示尚未真正看到它們的無常相、苦相與無我相。

當你看到動物的骨頭時，這些骨頭對你而言並不具太大意義；可是當你看到人的骨頭時，你的理解力就標示為：「這是一個人的骨骼，這是一個人的頭骨。」如果人骨的數量很多，真的可能會嚇著你。當你看到骨骼或任何顯示身體無常與無我的圖片時，除非你看透了，否則就會黏著在那兒，黏在骨骼與骨頭的層面。事實上，根本就沒有骨頭，骨頭是空的，除了物質元素之外，什麼都沒有。如果你看穿了，就會了解骨頭只是物質元素而已；否則，你會執著在骨骼的層面。一旦你還沒有看透這點，就會令自己苦惱，這也正顯示出你還沒有透悟佛法，因為你還沒有分析事物到元素的層面，所以仍黏在外殼上。

白天和夜晚過去了，可是它們並不是唯一會消逝的事物。這個身體也在不斷地衰頹並解體，一寸一寸地敗壞，可是我們並沒有查覺。唯有當身體衰頹到頭髮灰白、牙齒脫落了，我們才明白身體已經老化了。這種覺知是在一種粗糙且明顯的層面，可是對於發生在內部悄悄地進行著的緩慢衰頹，我們卻不覺知。

結果，我們執著身體的每個部分為「我們」——眼睛是「我們的」眼睛，所見到的形相是「我們」所看到的東西，看到的感受是「我們」所覺知到的東西，我們並不把這些視為元素。事實上，是眼視的元素與形相的元素相接觸，對這個觸的覺知是神識的元素，也就是心理現象能覺知形相、聲音、氣味、滋味、觸覺與概念，但我們並不明白，於是執著每一個東西：眼睛、耳朵、鼻子、舌頭、身體與心，視為是「我們」或「我們的」。之後，當身體衰頹時，我們感覺是「我們」在變老；當身體死亡且心理現象停止時，我們感覺是「我們」死亡了。

然而，一旦你把這些元素分解開來，那兒什麼都沒有，一切自動失去了意義，只不過是物質的與心理的元素，並沒有任何病或死。如果你不這樣穿透這點，就會停留在迷惑與盲目的狀態。譬如說，當我們唱誦著「Jara-dhammamhi——我必然要死」，只是讓我們覺知，並在開始修煉的階段謹慎而行。不過，當你達到修慧觀這個階段時，並沒有這一回事，所有的假設和世俗的道理都被撕開，全都瓦解了。當身體沒有了自我，還有什麼可執著的呢？物質的和心理的元素，早已空無任何的我。你必須徹底地看清楚這一點，否則它們就聚在一起形成一個生命，生理與心理兩者都是，於是我們就執著為我們的自我。

不過，一旦我們視這個世界為物質元素，就沒有死亡；一旦我們能看到沒有死亡，那個時候，我們會有真正的認識。如果我們仍相信是「我們」在死，便顯示出我們還沒有看到法，仍然黏著在外殼上。這麼一來，還能期望認識到什麼樣的法呢？所以你必須向內透視得更深，必須思維如何把事物分解開來。

在這個著了火的房子裡，你的租約已經快到期了，但你卻還是執著它為你自己。心欺騙你去感受恐懼與愛，如果你栽了進去，所修的將會是哪一種道呢？心所執著的這一切，在很多層面也愚弄了它自己。如果你不能看透世俗的觀念，像「女人」或「男人」，就會抓住這些為你自己，於是你將把自己轉變成這些東西。一旦你不能在心中空掉這些世俗的看法與假設，修行就只能在原地打轉而已。

所以，你必須深入思維很多層面，就像用一塊布來過濾東西一樣。如果你用一條織得很粗疏的布，就無法篩出太多東西；你必須用一條織得很嚴密的布來過濾出細小的東西，而且要往下移到更深的層面，並一層接著一層地穿透它們。這就是為什麼有很多層面需要去覺照與覺知，同時要一直往下過濾到微細之處。

這便是為什麼養成對自己內在個性的全然覺知是如此重要。禪修不外是去逮住自我欺騙的跡象，看看它們如何滲透到最深的層面，以及最喧鬧的層面竟然就在我們眼前愚弄我們。如果你無法逮住這些狡計以及有一個我的騙局的跡象，修行就無法導引你從痛苦中解脫，而只會將你困在迷惑中，認為一切都是你以及你的。

依著佛陀的教導而修，就是要逆流而行。每一個有情眾生的內心深處都想要快樂，無論在身體的層面以及較高、較微細的感受層面，譬如執著於寂靜樂以及苦的暫時停歇的那類禪定樂。這就是為什麼你必須深入檢視感受，這樣才能放下並熄滅貪愛。透過完全如其本然地覺知感受，沒有任何自我，與其本性一致：不黏著，不捲入，這就是熄滅貪愛這個病毒的意思，最後貪愛將消失得無影無蹤。

無明的錯綜複雜

自我欺騙有很多層次，當你愈修行並檢查，就愈加不願意宣稱自己知道。相反的，你只會看到自己具多重面目的無明與愚蠢所帶來的過患，對心中病毒的檢查也就愈來愈縝密。當你明明不知道，卻認為自己知道時，你把自己的看法當作知識，但事實上你所知道的事並非真的知識，只是透過標籤所產生的理解而已，可是你依然認為它們是知識，而且認為「你」知道。這個本身就是一個非常複雜的自我欺騙。

我們必須繼續思維這一點。有時無明就在我們眼前愚弄我們：這就是它真的很糟糕的時候，因為我們竟然還不知道自己被矇騙了，反而認為自己是那一類知道的人。我們可以完全處理這個或那個問題，但我們的知識只不過是對標籤的記憶而已。我們認為標籤是洞見，或是把心行心思當作洞見，或把感官識當作洞見，以致於把這些東西全搞混了。結果，我們愛上這一堆零散的知識，讓它們潛入並塑造了心，而這些只不過是在覺知之中的幻覺。至於真實的覺知則極為稀少，而欺誑性的覺知則從四面八方將我們圍住。

因此我們必須思維並檢查，直到在覺知裡看透這些幻覺，這樣我們才能夠解讀這顆心。如果你的覺知跑到外面去了，不要跟著出去，反而要停住並轉而向內。不論什麼東西潛進來捏塑這顆心，你必須運用智慧來處理這個現象。你無法禁止，因為這是很自然的，但你不應該試著過度封閉這顆心。只要持續地看住這個覺知，看它能走多遠，有多真實或多虛假，如何消滅之後又再度生起。一再一再地看著這個覺知。單單藉由這樣的觀察，你就能夠解讀自己，從自身中認識因與果，並觀察自己，你的覺照與覺知將會更加善巧。如果你不這樣修煉的話，心會繼續處在黑暗中，它可能會得一丁點的空和寂靜，於是你會決定這樣已經夠好了。

可是如果你看一看佛陀的教導，會發現不論佛陀得到哪一類正確的知識，從來不願意就停在那兒。佛陀總是說：「還有更多。」一開始，佛陀在每個動作中培養了覺照與覺知，然後接著說：「還有更多的事要做，更遠的路要走。」至於我們總是隨時準備去吹噓，努力修了這個或那個一段時間，便說自己完全了解了，不必再進一步修煉了。結果，因為我們的吹噓與驕慢，覺知的要點反而變得柔弱無力。

空與空無

打開門，真正地觀察自己的內在，並不容易，但是你可以訓練自己做到這一點。如果你有足夠的覺照去解讀並了解自己，這樣做在當下就切斷了許多問題，貪愛將難以成形，不論貪愛頂著什麼掩護出現，你都會去解讀、認識、熄滅並放下。

當你著手做這些事情時，並不表示你「得到了」什麼。事實上心是空的，根本沒有得到任何東西。不過若把這落成文字給沒有這種經驗的人看：以什麼方式來說空是空的呢？意思是說一切都消失或完全被毀滅了嗎？其實，空並不表示心被毀滅了；被毀滅的全是貪愛與執著。你該做的是，當空出現時，看看它是什麼樣子，不過不要執著。這個空的特質即是存在於你心中的不死之境，也就是空無自我，可是心仍然有作用和認知，並能解讀自己。不要給心貼上標籤或加以執著，這樣就好了。

空有很多層面和類別，可是如果它是空無這個或那個的那一類，那麼就不是真實的空，因為它含有想要知道它是哪一類的空、具有什麼特色的意圖。如果你真的想知道，就必須深入觀察。如果它只是表面的空——也就是寂靜之心的空，對於所緣境完全沒有心行心思或外在的我見，就不是真實的空。真實的空很深奧，而不僅僅是在寂靜或禪定的層面。空無的空是很深奧的。

由於我們的所學與所聞，以致傾向要把寂靜之心的空安上空無的標籤，但這是錯誤的。其實它只不過是普通的寂靜而已，我們必須更深入地觀察。不論你以前遭遇到或聽到什麼，不可以太高興，不要標示為這個或那個層面的成就，否則會破壞一切。你進入一個層面後，應該要能夠保持覺知的堅定安穩；一旦你開始給事物貼標籤，覺知就停在那兒，或者完全失去控制。

這種貼標籤的動作就是活動中的執著，非常的微妙而精細，一旦任何東西出現，執著就一把抓住。所以，你要讓心保持空的狀態，而不安立為任何東西。這種放下牽掛，或者不受心行心思所影響的空，是你必須更深入去觀察的。不要把心安立為這個或那個層面，倘若以這種方式來評量和比較，將會障礙一切，尤其是對這顆心如何變化的覺知而言更是如此。

起步時，只要觀察並保持覺知即可。如果你太興奮，將破壞一切。你根本無法看清和看透事物，只會停在那兒，不再進步。因此，當你訓練或思維這顆心到了偶爾得到清楚認知的地步時，只要視為應該觀察的東西就好。

打開心靈之路

一旦你正確地解讀自己的心，就能逮住煩惱並全部滅除，這即是修慧觀。心會銳利得像把剃刀，正如你有一把鋒利的刀能將一切俐落地切斷。就算煩惱再度生起，你也能再度挖出來斬斷。這個根除心中煩惱的工作，其實挺有趣的，沒有任何工作的趣味性，能與把這種有一個「我」或自我的感覺完全控制住相比，因為你可以看到它全部的戲法。任何時候當煩惱露臉想得到什麼時，你只要看住，看它想要什麼，為什麼想要，看它作了哪些誇大的宣稱，這樣你才能夠盤問煩惱並得到事實的真相。

一旦你明白這一點，那麼除了放下、不執著以及自由自在之外，就沒有其他事可做了。想一想，這是多麼美好啊！我們的修行，就是一種在心中把各式各樣的事物停下來並制止住的方法。任何時候當煩惱生起想去抓取任何事物時，我們不跟煩惱打交道，也不跟它糾纏。雖然煩惱受到很大的壓力，不過單單這一點，就足以滅除許多的逼迫與痛苦。

當我們經常重壓煩惱時，這個做法就會讓煩惱變熱並發高燒，曉得吧？不過，要記住，變熱與發高燒的是煩惱，同時記住佛陀告訴我們的，要對煩惱施加壓力，因為如果我們不把火力對著煩惱，煩惱就會把火力對著我們。

縱然煩惱會抱怨被我們虐待了，我們仍須蓄意把煩惱燒毀。我們把門關上，並把煩惱囚禁起來，這麼一來，煩惱便無處可去，鐵定會抱怨：「我受不了了！我根本沒有到任何地方去的自由！」所以只要看著煩惱，看它們想去哪兒呢？想緊緊抓住什麼呢？仔細地觀察，於是煩惱就會停下來：停止走動，停止奔跑。對其他事情說「不」是容易的，可是對自己說「不」、向自己的煩惱說「不」，就不簡單了，而做到這一點並沒有超過你的覺知或能力。如果你有向煩惱說「不」的覺照與覺知，煩惱就會停下來。不要以為你不能讓煩惱停下來；你做得到的！你做不到，是因為你太過急促就愚蠢地屈服於煩惱，而這個習慣已經成為你的第二天性了。

我們必須停下來，一旦我們停下來，煩惱便也停下來了。不論煩惱在什麼地方現行，我們都能熄滅。這樣一來，我們怎麼可能不想修行呢？不論煩惱多麼頑固地想要任何東西，只是看住並識破這一點，煩惱就不會留下來，同時也被消滅了。只要滅除了煩惱，你便會明白它們是多麼地虛假。以前你並不知道這一點，所以當煩惱催促你去做什麼時，你就配合。不過，一旦你以智慧來對付煩惱，它們就停下來並消滅了。但並不是你消滅了煩惱，而是煩惱自行消滅的。而且只要你覺知到煩惱的消滅，道路便寬廣地在你的眼前敞開，心靈的每樣事物也都開闊地展開了。你會明白自己有辦法克服煩惱，不論多少，你都能加以了結。可是你一定要記住，必須持續地注意並放下煩惱才行。

因此，我要求你們一定要努力，不斷地磨利自己的工具。一旦你的覺知在任何一個點上都是敏銳的，就能放下那個點並加以根除。如果你照顧好這個心態，並思維如何維持下去，就能夠不讓你的工具變鈍了。

現在你明白了基本原則，我要求你盡一己之力地精進及覺照。希望你勇敢堅毅，那麼你為了從痛苦與逼迫中解脫所作的修行，便能在每一方面收穫到好的成果。

第六章

純淨而簡單

一九七三年六月，皇園山共修會為慶祝優婆夷紀老師七十二歲生日，出版了老師的開示集要。在以十二年為一輪來記數的文化中，這是一個重要的里程碑。以下的選錄便是從這本全集中挑選出來的。

※

修行的第一要件是，你必須愛好真理，具有依循真理而行的毅力。唯有這樣，修行才會進步，否則完全不會成功，那麼你將如往常一樣做著煩惱與貪愛的奴隸。

※

當你不觀察自己時，你給自己造了多少痛苦？又給別人造了多少呢？我們應該盡己所能的去思維這點，否則就只會不斷地想得到、得到、得到。我們無法試著放下，把事物放在一邊，去作任何犧牲。我們只是不斷地試圖得到，因為我們得到愈多，想要的就愈多。

※

如果你既貪婪又慳吝，就算擁有許多財富，佛陀仍說你是貧窮的：在聖財上貧窮，在心財上貧窮。縱然你擁有許多外在的財富，當你死亡時，這些財富將完全歸屬別人，成為公共資產，而你則落得在戒行上和正法上貧窮。

※

一顆沒有自己的家的心，也就是沒有以正法為家的心，必然跟煩惱同住。當煩惱生起時，心便去追逐；一旦這個煩惱消失了，另一個煩惱又在那兒生起，於是心又去追逐那一個了。因為心沒有自己的住處，只能四處遊蕩胡為。

※

了斷煩惱與痛苦的修煉，是一種高層次的修行，因此首先你必須先整地，並令它井然有序。不要以為你可以什麼準備都不做就能夠修行。一旦你為了嗜好而生活，所想的就只是要得到以滿足自己的胃口。如果你在初步階段不培養知足的或慚愧的心，要修煉高層次的法就會有困難。

※

修行的要點之一在於思維。不思維，智慧就不會生起。佛陀教導我們去思維並測試事物，直到能夠親自清楚地認知為止。唯有如此，我們才有一個合宜的皈依處。佛陀從來沒有教導我們去皈依那些自己看不到或做不到的事物。

※

如果你真的想從痛苦中解脫，就必須付出真實的心力去修行。你必須放下，從外在的事物開始，然後向內用功。你必須讓自己從追逐誘人的喜悅那種迷惑中解脫。放下的重點在於看到所放下的事物的過患，唯有這樣，你才能永遠地放下。如果你沒有看到這個過患，就仍會執著，並想念著有它在身邊的感覺。

※

如果要放下任何事物，首先必須看到它的過患。如果你只是告訴自己「放下，放下」，心並不會輕易服從。你真的必須從這個緊抓不放的事物上看到過患，之後心才會自己放下。就好比手緊握著火，當你感受到炙熱時，便會自行放開，再也不會想要抓取了。

※

貪愛感官樂的過患，很難察覺出來；可是更微細的東西，譬如像你覺得有一個我，就更不容易看出它的過患了。

※

在修行的起步階段，必須學習在戒行的層面控制自己的言語與行為，才能將言語與行為保持在正常狀態，平靜且受著約束，這樣，心才不會屈服於粗重煩惱的威力。當強有力的欲望生起時，運用你的堅忍力將欲望停住。當你能夠忍耐一陣子之後，洞見會得到所需要的力量，培養出辨別是非的能力。就是這樣，你可以看到忍耐的價值，這真是一個好東西！

※

行善時，讓它是與其本性相順的善，而不要執著於認為「你」是善的這種念頭。如果你執著於這個念頭，就會引起其他更多的執著。

※

當沒有驕慢與自負的心受到責備時，會退縮，正如一頭被棍子鞭打的牛一樣，你的我見會在眼前消失。一頭好的牛，即使在看到鞭子或棍子的影子時，會保持不動並鎮靜下來，準備好，以能迅速地執行指令。一位能削弱她的驕慢與自負的禪修者，會有進步，同時她的心上不會有沉重的擔子，她的心會是寂靜的、空的，沒有任何對「我」或「我的」執著。這就是心慢慢變空的歷程。

※

如果你是開放坦誠的人，就在你坦誠對待自己和神智清醒之處，你會找到消滅痛苦與煩惱的機會。你不必向任何人解釋高層次的法，所需要的是一般層次的坦誠，面對自己行為的過失及苦果，你能將這些停住，進而培養一種厭倦感和慚愧心。這樣要比談論高深的法但卻馬虎苟且、自滿、沒有慚愧心，好得太多了。

※

當你回首看到自己的馬虎苟且，就算你了解佛陀的教導，可以正確地加以解釋，可是心靈卻依然不檢點。其實，很懂佛法而且喜歡炫耀所知的人，可能比那些知道得很少的人還不謹慎。那些從來沒有讀過佛書的人往往更慎重，因為他們比較謙虛，知道必須解讀自己的心。相反的，讀了很多書或聽過很多法的人，往往流於自滿，變得不謹慎，並對佛法不尊重。

※

我們必須思考該如何運用覺照與覺知，時時向內觀察。因為沒有其他人能代替我們認識這些，我們必須親自去認識。

※

當事物濕軟時，就會流走；當事物堅固不動時，就不會流動。當心虛弱而沒有力量時，總是隨時像水一樣可以流走；可是當心有覺照與覺知時，當心是堅固而且努力是真實的時，就能抗拒煩惱之流。

※

當你初開始禪修時，就像捕捉一隻猴子並用繩子將牠栓住一樣。猴子剛被綁起來時，會使盡全力地掙扎想要脫離。同樣的，當心剛被繫在禪觀的所緣境上時，心並不喜歡這麼做，所以會更用力地掙扎，這就令我們感到虛弱沮喪。因此在初階段時，我們只須運用耐力，抵擋住這顆老想偏離主題去尋找其他東西的心。時間一久，心就會逐漸被馴服了。

※

你想要讓心平靜下來，但它就是靜不下來。那麼，為了要看到因緣生法如何生起與滅去，你該怎麼辦？你應該專注在什麼地方？你認知到了什麼？試著仔細觀察，你一定可以自己認識到，這完全不神秘或隱蔽，你將能親自覺知到它的基本原則。

※

我們應該怎麼做，才能讓心不被自己的成見或莫名其妙的行思所分神呢？我們必須讓心的覺知夠專注，因為心的覺知若不專注在一個東西上，便會四處閒蕩去認識其他事物。這就是為什麼我們練習把覺知安立在身體或呼吸上，把呼吸當作繫住我們這顆猴子般的心的椿子。換句話說，我們運用覺照把心保持在呼吸上，這是修行的第一步。

我們必須不間斷地訓練心專注地停在呼吸上。每一個呼吸和姿勢，不論坐著、站著、走著、躺著，都要保持專注在呼吸上。如果你想要的話，可以單單專注於呼吸的感受，而不去分別呼吸是長的還是短的。繼續正常的呼吸，不要強制地呼吸或屏住氣，或坐的時候把身體繃得太緊。要坐直並舒適地面向前。如果你要向左轉，要確保轉的時候專注在呼吸上；如果要向右轉，也要確保轉的時候專注在呼吸上。

要採用什麼姿勢都由你，可是要持續地專注在呼吸上。一旦你的注意力不專注，就再把它帶回到呼吸上。不論你在任何時間正在做什麼事，要在每一個呼吸的進出中看住呼吸，這樣，你會培養出覺照與警覺，也就是全身的覺知，同時也覺知著呼吸。

當你走路時，不必專注於腳步，要專注在呼吸上，讓腳自己去行走，讓身體的每一部分自行運轉，你所要做的只是持續地專注在呼吸上，那麼你就會覺知全身。

不論眼睛正好看到形相或耳朵正好聽到聲音，都要保持對呼吸的專注。當你看到一個形相時，要確保在看的動作中始終覺知著呼吸；當你聽到一個聲音時，要確保在聽的動作中仍覺知著呼吸。呼吸是一種讓心安靜下來的工具，所以你必須用呼吸來訓練自己。不要急著想得到更高的結果。要訓練讓心保持在覺照的控制下，持續不間斷地達到數日之久，直到心的注意力不散失為止，這樣，心就會愈來愈跟呼吸在一起。專注於持續不斷地認識呼吸，其他事就會自己停下來：思考會停下來，說話也會停下來。不論你必須做任何工作，你都能夠處理，同時在每一個時刻保持對呼吸的覺知。一旦有任何閃失，只要再回到覺知呼吸上即可，不必思考其他的事。在你覺知心的正常狀態的同時，也要覺知著呼吸。

※

當心能夠保持在正常狀態，你就能觀察呼吸，並知道呼吸也處於正常狀態。當心和呼吸的正常狀態是平衡的時，你便專注於對呼吸只是一種自然現象，也就是風大的覺知上。整體來說，身體是由四種元素所組成：地、水、火、風，我們在這兒專注於風的元素。風大是一種自然現象，不是我們或者我們的，心於是處於正常狀態，不思考或構想任何事，也不擾亂事物，就只是一種自然現象，如此而已。一旦心不製造其他東西，就不被煩惱所灼燒，也就能夠保持不動並處於正常狀態。

當你在每一個姿勢中保持對呼吸的專注時，便是一種能夠制止心不懷著各式各樣的思想與標籤四處遊走的方法。你必須刻意地訓練心在每個姿勢中與呼吸在一起，這樣，當心有覺照與覺知作為安住處時，你就會知道心是什麼樣子了。

※

專注在呼吸上，比起任何方法都更能幫助讓心安靜下來，而且一點兒都不累人，只要自在地呼吸即可。如果你讓呼吸的進與出都非常強的話，會有益於全身的氣血循環；若能深呼吸讓胃部的肌肉放鬆，就可以預防便秘。

當你用呼吸來訓練時，就運動到了身與心兩者，這樣一來，每樣事物都以自然的方式安靜了下來，這要比我們試著用武力或威脅讓事物平靜容易得多了。不論你怎樣威脅這顆心，心都不會屈服，反而會到處亂跑。因此，我們要反過來訓練心與自然為伍——畢竟呼吸是自然的一部分。不論你是否覺知到這一點，呼吸都依著自然而進出。只有我們專注於呼吸時，才能覺知。身體是自然的一部分，心也是，當身體和心用妥善的方法加以訓練後，你就不需解決很多問題了，身體的氣血自然會改善你的神經狀態。當你訓練自己的覺照去覺知全身時，同時也要覺知著呼吸，呼吸便會毫不費力地流動。

如果你長時間禪坐，這樣的修行有助於氣血自然地循環，而不必跟呼吸戰鬥或屏住呼吸。當你把手腳放置在禪坐的位置時，不要太緊繃。如果你能夠讓手腳放輕鬆，氣血順暢地流動，會非常有益。

將覺照專注於呼吸上，從每個角度來說都是恰當的：對身體恰當，對心也恰當。佛陀開悟前，當他仍是一位菩薩時，佛陀運用觀息作為心的住處，多於用其他的方法。所以當你在修煉時，也應該把觀息作為心的安住之處，這樣，心就不會四處亂跑，編造各種念頭並深陷其中。你必須把心安頓下來，一旦有任何念頭蹦出來，只要專注在呼吸上即可。如果你試著在一開始就直接專注在心上，因為你還不熟悉，恐怕會太困難而無法處理。

不過你若想直接專注於心，也是好的，不過你必須在每一個呼吸的進出中覺知著心，並長時間不斷地保持著覺知。

※

在每一個姿勢中努力做到這一點，看看會產生什麼效果。開始時，你必須聚集所有因素；換句話說，你必須付出努力以正確地觀察與認識。至於放下，則是之後才會出現。

※

佛陀將心的修煉比喻為手中握住一隻小鳥。這顆心就像一隻小鳥，問題在於如何握住牠才不至於飛走。如果你把小鳥握得太緊，牠就會死在你的手中；如果握得太鬆，小鳥就會從你的指縫中溜走。那麼你應該如何拿捏分寸，讓小鳥不會被捏死又不會溜掉呢？同樣的道理也適用於心的訓練，要以既不太緊也不太鬆，而是恰到好處的方法來處理。

在訓練心這方面，有很多要點必須正確地注意。在生理層面，你在改變姿勢上面必須保持恰到好處的平衡，好讓心維持在正常狀態，那麼心就能持續不斷地住在寂靜或空的自然層面。

身體的運動也是必要的，連那些修煉高深禪定的瑜伽行者，也必須藉由各種姿勢的伸展或彎腰來運動。我們雖不必像他們那樣走到極端，但仍要有足夠的運動，那麼心自然地能夠保持寂靜，直到一種允許它思維身心現象，同時看到一切是無常的、苦的與無我的地步。

如果你過於壓迫這顆心，心就會死去，猶如握得太緊的小鳥一樣。換句話說，心會死氣沉沉，不夠敏銳，只會呆滯地停留在寂靜中，而不思維無常、苦與無我是個什麼樣子。

我們修煉的重點，就是讓心寂靜到足以思維無常、苦與無我。我們訓練與思維的重點就在這兒，而這個要點會讓訓練變得更容易。至於要改變姿勢或作運動，則要以一個空的心來做。

當你在絕對隱密的地方修行時，應該要做些運動。如果你只是靜坐並躺下的話，身體的血氣會不暢通。

※

開始進行觀息法指導中的第四組時，要注意每一個呼吸進出的無常相。不過，若不在呼吸的每一個進出中保持覺知，要長時間維持這個覺知就會很困難。當事物空的時候，若我們只是讓心安靜下來，而沒有任何的專注或思維，一切就會漂蕩或模糊；或者某一類的心行心思會生起，讓我們無法專注在空的心之上。

因此，當一個粗重的心行心思生起時，可以藉由專注於呼吸來擋住或運用呼吸徹底摧毀。不論心行心思是微弱的還是粗重的感受，保護自己的第一步，就是抓住呼吸。你愈經常這麼練習，就會成為一個正常的習慣，也就愈有用處。

單單專注於呼吸，有助於制止不善的思維；換句話說，能防止心去編造不善的想法，這樣一來，對形相、聲音、氣味、滋味與碰觸的感受便不能夠成形。不論你在覺知什麼，快快專注到呼吸上，不論它是什麼，就只會停下來並消滅。

※

當心變得非常微細而寂靜時，如果不保持專注，覺知就會變得模糊或分心。所以，你必須集中自己的覺照，以深而重的呼吸為方法來喚醒這顆心，不要讓心以一種不專注的方式寂靜下來。

你必須專注於看到心中空的狀態，這是心的本性的主要部分。如果你可以做到這一點，就沒有什麼好修行的了。所以，只要把心置於覺照與呼吸的控制之下即可。換句話說，要繼續觀察並認識這顆心。即使有些有益於認知的思維生起，也要儘量簡短，不可以拉長；如果思維太冗長，就會轉變成不專注。

運用呼吸作為切斷思維的工具。當你的思維開始變長時，要停下來，儘可能地讓思維很簡短。儘量將自我的覺知保持不動、清晰、明亮，同時要不斷地觀察它沒有任何自性。

※

一顆能夠保持在正常狀態的心，就像一塊白布或一張白紙，你必須專注地才能看到。當任何感官的接觸發生時，心如何在回應中搖擺，如何把事物貼上「好的」、

「壞的」或「自我」的標籤，這是一件你必須學習如何在微細層面中觀察的事。

※

一旦心安靜並空下來，你的覺知就會變得敏銳。在這兒，「敏銳」指的是覺知看到了事實的真相，因為覺知集中焦點並清楚地觀察到了。如果你正看著某個東西，在還沒有看清楚前，不要轉移目標，繼續就在那兒觀察，直到清楚為止。

這個認知究竟認知到了什麼呢？它認知到生起，持續，消滅，而且不耽溺。想要以這個方法認知，你必須與每一類的因緣生法在一起，不論它所構造成的法是好的、壞的或不好不壞的。

如果你還不能觀察這顆心，那麼就觀察身體是如何由四個元素所組成：地、水、風與火。你必須不斷地吃與拉，時時補充元素同時又排掉。甚至身體的事，也就是這具活動的死屍，就已經是個負擔了。天氣炎熱時，你必須幫身體沖澡；天氣寒冷時，你必須把身體裹在毯子裡；當身體生病時，你必須給它藥；當身體飢餓時，你必須給它食物。你必須恰到好處地照顧身體，否則它就會製造各種問題。

人們說心是主人，而身體是僕人。可是如果貪愛成為心的主人，那麼身體就有了兩位主人，想想看，這將導致多少衝突！心將處於困窘之境，身體也是如此。

※

這個色身本身已經是痛苦的、逼迫性的，如果我們又加以執著，就使得色身更加痛苦與逼迫了。所以，要仔細地觀察這個身體，看它只不過是因緣條件和蘊集的逼迫，而這個逼迫並不屬於任何人，於是就沒有煩惱會在心靈中燃燒了。

※

把毫無價值的東西、著迷於過去好與壞的事物的愛戀全都捨棄，掃在一塊並倒掉。讓這顆心沒有混亂，一旦心不混亂，就不要再積聚事物來攪亂了。譬如說，你的心在此刻是空的，觀察看事物是如何成形並生起，又是如何消逝的。看著當下的真實性，觀察心在領納外物時，或者在接受感官觸時的特性是什麼。如果你正確地依著真相來觀察，會明白這些全是空的，壓根沒有任何真實性與永恆性。只要向內以一種沒有任何標籤的方式觀察，當眼睛看到形相或耳朵聽到聲音時，觀察這些只是自然現象。至於心則要保持不動，沒有任何想貼上好或壞的符號的傾向，這樣欲望就不會生起並擾亂這個心了。

問問自己：如果你墮入事情之中，接著痛苦生起，你究竟從中得到了什麼？你會明白完全一無所獲，全是空的，有的只是讓心急促緊張的苦。所以不論你觀察什麼，都要徹底地看到它的無常相，內外都如此。單單這麼做，就足以讓你沒有任何執著。

※

當你覺知到感官的接觸時，不要讓覺知單單停在眼睛看到形相或耳朵聽到聲音這個點上。你必須深入地觀察覺知形相的眼識，之後專注於視覺的感受，注意感受如何變化、衰退並消逝。

※

如果你了解如何觀察，就能看到生理與心理上的各種變化。你可以用眼睛看到生理的現象。譬如說，一朵新鮮的花在當下就蘊含著變化與衰敗。如果你只在花朵枯萎時才看到衰敗的話，表示思維仍很粗淺，離真相還很遙遠。

沒有一件因緣和合之物是穩定或持久的，可是我們卻對這些捏造了自己的臆測。事物朝著發展的方向改變，也同時朝著衰敗的方向改變。我們看待這為兩個獨立分開的過程，可是事實上這兩者都是衰敗。

※

任何時候當感官接觸出現時，把你的焦點轉而向內持續不斷地放在這顆心上，讓心保持不動並處於正常狀態。至於接觸，只要明白就只是接觸即可，可是仍要儘可能不間斷地覺知著心，直到你的覺知全都集中一處並且純淨不雜為止。如果這個純淨不雜的覺知能夠持續不斷地保持著，就會變成一種解讀並分析內在一切的工具。你不必去注意感受的生起與消滅，反而要純淨不雜地把焦點放在覺知上；換句話說，覺知正純淨不雜地置於這顆心或神識的屬性上。甚至連在覺知生理方面的事物時，也要保持覺知的純淨不雜。

你必須謹慎觀察，當心已經穩固地建立好覺照，而你的覺知也集中於你對神識屬性的覺知，如此而已，沒有任何造作——只是一種覺知其自身的覺知，如此而已。以此作為你的基礎。

在初開始時，我們專注在呼吸上以防止心溜走，當它變得愈來愈微細時，你專注於呼吸上，直到一個地步時，你就不再需要專注於呼吸了。你不間斷地就專注在心上，就只是專注在這顆心上，如此而已，沒有任何造作和標籤。當任何事物生起時，不要越過事實本身地去認識它，只要保持著持續不斷的覺照。

※

當心受到覺照的控制，沒有製造任何念頭或被分神時，就會安靜並覺醒地安住在內部。當你直接專注在心上時，心會自然地停下來並寂靜不動。你會明白這顆心只是自然的一部分，而不是你的「自我」或任何那一類的東西。當你認清這一點，這樣的理解將能摧毀任何視為「你」或「你的」的執著。

不論你所覺知的是色還是受，只要讓它們成為自然的一部分，而且全部都是，這樣心就不會陷於困境中，被想法與心行心思所攪擾。讓心停下來並漸漸不動，只要在每一時刻和心在一起就好。

※

約束這顆心，便能讓感官的接觸瞬間停下來；換句話說，當覺照專注於覺知這顆心時，就只是覺知這顆心，這樣便能讓感官的接觸在當下自然地消逝。這就是為什麼那些不夠細心、不透過覺照以培養約束力的人，會輕易地落入煩惱的威勢之下。

透過覺照來約束是第一步。當你的覺照持續不斷到一個地步時，就變成清楚的認知，也就是透過智慧來約束，試著在內部維持這種清楚的覺知狀態。

※

約束感官的目的在於去看看這顆心的活動，也就是眼、耳、鼻、舌與意的感官觸是如何地轉變成其他感受。

※

你對於法的研究必須是內在的，而非對是文字或語言的研究。法是一種對心的研究，如此而已。當心維持在正常狀態，或在空之中保持著自己，即處於不執著任何事物的那種空時，就會認識到自己的特色與性質。

如果你一再地在每一剎那中看著這一點，就會演變成一種清楚的覺知，這是對於由因緣和合而生之物，從某個角度所觀察到之特性的覺知，只停留在它自身的本性上，如此而已；或者會覺知到本性有個非因緣生的另一面，雖然這份覺知可能並不清楚。在這兒，我指的是那個空的或本然寂靜的心，它可作為一個比較的標準。由因緣和合而生的這一層面的心，純粹是自然的，不要去執著。至於非因緣生的那一層面，由裡到外則全是空的，當然也不應該執著。

所以如果心捲入糾紛時，你若執著於「我的心捲入糾紛中」這個念頭；或者當心是空的時，你執著於「我的心是空的」這個念頭，並看待這兩者為相同的，那麼不論你執著任何東西，必然要受苦。因此，不論事物如何改變，如果你正確地認識佛陀所說的「諸法無我」的真理，也就是一切現象都是無我的，自然就能夠放下了。

※

停下來觀察自己的心，比跑出去認識外界的事物要好得多。因為當你停下來觀察和認識時，將以一種不需語言文字的方式明白無常、苦與無我的真理。這將是一種認知，內心完全寂靜不動。相反的，那種運用「無常」、「苦」與「無我」的字眼所修的洞見，是仿造的認知，並不真實。真實的認知會在每一剎那中看到變化就發生在眼前，你能確實地看到任何生起的東西，同時又看著它如何地消滅——一切總是在那兒，讓你當下就能看到，根本不困難。所以你知道如何停下來觀察並認識自己的心，同時以正確的方式熟悉佛法。

如果你正確地觀察，毫無遲疑，就會明白在每一剎那中，變化是如何地與生起、持續、消滅相關連，也會了解到變化如何地與生俱來和苦連結在一起。但是，你必須以一種深刻的方式一路看進去，而並非只是重複向自己說這些事物全是無常的、苦的與無我的就可以了。

你真的必須觀察，才能明白變化何以與生俱來便是苦的。你不必在心中稱它為「苦的」，可是你必須就在苦的本身清楚地看到這個真相。一旦你明白無常即是苦的，就會在同一個地方知道那兒本來一直就沒有「我」。

※

如果你非常專注於消滅這個、那個，以及其他東西，就已經落入無常的騙局中了。

※

當你以真實的覺照與覺知來觀察無常、生起與消滅時，必然會有一種厭離感，不再抱有幻想，以及冷靜的感覺生起。如果你知道了卻漠不關心，就叫作無知，你只是愚弄了自己，以為你知道，但實際上卻一無所知。真實的認知在心中是明亮與清楚的，完全是另外一回事，而不是這種應該算是迷惑的、漠不關心之知。

※

當你真實的認知時，就會有一種厭離的感覺，急迫地想歸還一切，同時也迫切地覺知到事物是多麼不值得執著。這是你必須培養的認知。如果你還沒有培養這種認知，那麼不論是坐著、站著、走著、躺著、進食、排泄或是做任何動作，都要一再地專注於思維這些。當你能夠做到這一點時，就會進入正法。如果心距離這個境地仍差得很遠，並分神於其他事物，一直掛心這個或那個，就會持續地退轉，直到像以前一樣成為貪愛與煩惱的奴隸為止。

※

思維四種資身物的唱誦，非常有用且有益。你必須不斷地訓練自己在受用這些資身物時，不被帶著團團轉。從這種觀察中所產生的覺照會充滿覺知，任何時候只要覺照出現，警覺與自我覺知（與覺知是同一回事）就會在那兒。

※

訓練的每一部分若能以令你對所擁有的感到知足為目標，就能讓心變得更空。一旦你明白這些修法的價值，便應該練習放下欲望。如果一味地順著自己的欲望，那麼一旦得到所希求的，你就開心；倘使得不到，你就會極度焦慮。所以要去思維欲望是不是苦的，看看苦與苦因這兩者如何同為一體。

※

訓練這顆心是個縝密的工作。縱然生起知見，如果你決定這個知見一定是對的，就表示你沒有通過考試。不論什麼知見，如果會動搖的話，就是假的、具有欺誑性的知見，而不是絕對的知見。

※

當你執著自己的知見為正確時，就在那個當下便引生了不正見，所以你必須不斷地停下來觀察並認知，直到覺知你的知如何轉變成不知為止。這是因為正知與不正知一直以來都糾纏在一起，真實的認知並不是除了保持為真實的認知之外，就不會變成其他的東西。你必須找到一個角度可以看到在什麼地方和什麼情況下，不正知與不正見會湧現出來。

※

當驕慢與自負出現時，你必須轉而思維它們，看到它們之中並沒有「自我」——如果事實是如此的話，驕慢與自負還要到外面去吹噓什麼呢？驕慢與自負的自我，確切的所在處在哪裡呢？當你深入觀察時，會發現自己無話可說，因而結束了你的吹噓。

※

當你找到生起「我知道，我是對的，我是好人」的源頭時，就是那個聲音，你竟然為了它而讓生活變得很艱難。如果你為了心中其他的聲音而艱難地生活著，便已偏離了主題，因為這些聲音全是心的隨從啊！

這個說自己是好的或正確的聲音：利用那個聲音把它自己分開。你不必運用其他聲音，只要讓這個聲音轉過身來並把它的源頭挖起來就好。

※

如果你不知道如何找出自己的問題，就不算是在修行佛法。要專注於自己的毛病，便要逆流之行。思維的基本原則是不能把自己放在第一位，而必須把佛法放在最重要的位置。

你認識得愈多，就會愈謙虛，這是佛法的特質。任何說你愚痴的人，就讓他們請便，隨他們去說吧！可是要確定你的內心充滿了佛法，不惜一切代價地維護佛法，如同人們細心保護盛裝著經典的櫃子一樣。專注於把佛法集中在一個點上，讓心維持在一個妥當的立場上而沒有執著。至於你應如何保護它，它又是如何地需要關照與謹慎，你必須親自去發掘。

※

正見與正思維視一切都是法，換句話說，它們依著三種特性去觀察一切因緣和合而生的事件。

我們必須思維法的真諦，那麼當我們往外看時，才能將一切都視為法，而不貼上好的或壞的標籤。試著用你的眼睛，以一種不涉入去貼標籤的方式來觀察一切皆為依其因與緣所生的自然現象，或者一切皆為法的顯現，如此而已。然後觀察這顆心是不是感到開闊、空與輕鬆。

※

你從書本上所研讀到的法，並不是法的精髓。要看到法的真義，你必須鄙棄所有世俗的程式，只剩下純淨不雜的自然現象，沒有任何「生命體」或「擁有者」。

※

運用到思慮的思維，仍是外在的；內在的思維必須是一種專注的、不動的、寂靜的觀察，是由專注所攝持的觀察組合而成，而非是某種想出來的東西。

※

你的思維必須穿越很多層，而非只是一層。第一層是在概念與標籤的層面觀察，第二層就觀察念頭，之後便觀察覺知。

如果你正觀察著標籤，就只要視它們為標籤就好：這是識別的動作，覺知你已經識別了某物，於是標籤就被消滅了。

如果你正在觀察念頭，去看看念頭如何生起，為什麼會生起，又如何消逝。然後一個新的念頭再生起，之後也消逝了。這是第二個層面。

然後你觀察覺知，純淨不雜地覺知著這顆心，就在心上生起了一種感受，並在心上看著這個感受如何以同樣的方式消逝。

※

我們必須運用覺照與覺知，就好像非常銳利的鏟子與鋤頭，向下挖掘我們的我見。之後我們可以將我見翻過來，從各個角度加以觀察，看看究竟是哪一部分是我們的自我。試著觀察你所緊抓不放的色、受、想、行與識，看看究竟哪個地方是恆常的、喜樂的或自我的。

※

我們還沒有好好思維這一堆五蘊的和合體，以便能在它們出現時能正確看到此合體的自然條件，而五蘊就在我們眼前變化著。這就令我們陷入執著與貪愛的引誘，衍生出有一個我存在的感覺，作用即是「接收者」、「享用者」與「果報的領受者」，於是我們必須在受用與接受中受苦，卻完全不了解它。事實上，我們還想得到更多呢！譬如說，當我們接受到一個平靜安樂之心的成果，我們想要保持在這個狀態；當狀態改變時，我們就被攪亂了。可是如果我們了解無常、苦與無我的理則，就能夠放下。我們實在不必緊抓不放著，而解脫之道也就在這兒了。

你來到這兒修行，刻意想了斷痛苦與煩惱，所以你必須忘掉一切。你無須掛慮太多，只要把注意力專注於身與心，每樣事物就會自行變成空的。你不必去欲求空，不要為了欲求而把自己攪亂。

※

對於那些你應該放下的事物，你非但沒有放下，反而供給更多的燃料，讓它們更猛烈地燃燒起來。對於那些你應該約束、放棄、削弱或摧毀的事物，你不但沒有處理，反而動都不動——你只是不停地尋求新的禪修技巧！在每一剎那中，你的煩惱就在面前、就在心中生起，你卻不理會。你所做的只是向外尋找事物來欺騙自己。

※

佛法的修行是一種治療心靈疾病的方法，所以我們必須盡最大的努力全神貫注在修行上。我們必須謹慎地修行，那麼煩惱、貪愛與執著就會逐漸減輕。我們必須時刻專注並不間斷地思維，這樣才能摧毀對於自我的執著。這是我們生命中最重要的工作：思維身與心的現象，以看到它們的無常相、苦相與無我相。在我們的一生中，只要煩惱尚未結斷，就必須努力地修行。我們要不斷地端看、思維並放下。

※

熾熱的煩惱很容易可以看出來，可是冷濕的煩惱，譬如愛、欲望、情感，以冷濕的火灼燒著這顆心，像酸液一樣的毒，因而比較不容易被察覺。你必須檢視自己，這樣才能看到煩惱的真實面目並認識它們；否則你會在心中持續地積聚導致腐敗的黴菌。

※

你的注意力愈是流到外面，就會愈愚笨。你愈是專注於內在，就會愈敏銳，就愈能夠滅除痛苦與煩惱。你愈是專注於外在，就揀拾了愈多導致腐敗的黴菌，也就更容易成為一個垃圾坑。

※

當我們看到煩惱展現在別人身上時，我們看到它們是多麼地醜陋；可是當煩惱出現在我們身上時，我們卻視它們為好的與對的。這就是我們不一致的地方。我們視自己的煩惱為親密的朋友，正與這句格言所說的一致：「視葉狀的鐵餅為瓣狀的蓮花。」我們真是這個樣子嗎？這是一件值得深入省查的事。

※

如果你知道如何專注於煩惱的生起，不論它是貪還是瞋，即使只生起一丁點，你都要專注地盯著看，直到可以完全摧毀為止。如果你不運用這個方法，就沒有力量足以抵抗煩惱。如果你供給煩惱燃料，直到煩惱開始失去控制地製造，就會猛然爆發成一場大火，而你將無法撲滅。如果你想撲滅煩惱之火，就必須在剛開始，當煩惱以一丁點的好惡之心出現時，就予以摧毀。

當心是空的，正如現在的情況時，持續地思維這些感受如何生起、消逝，以及你如何確定沒有任何東西會生起以製造這些感受。對於製造之根源的覺知，是將痛苦在一開始時就完全摧毀的工具，這是一個正確且運用最少力氣的工具。

※

完全摧毀喧囂的貪與瞋是不容易的，因為它們的根仍還在作用，它們依然受肥料所滋養。這就是為什麼貪與瞋不斷地開花結果的原因。因此，如果我們真的想要採用最迅速與最正確的方法，就必須專注在摧毀迷惑上，也就是專注於令自己熟悉真相。

※

就專注在煩惱如何使這顆心變得混亂、困擾及熱惱的問題上，然後思維如何加以滅除。當煩惱被消滅時，心有沒有感到清涼呢？就在這一點上繼續觀察。

這兒的清涼並非來自於我們的造作，而是心本身就是清涼的，不需要我們拿水去淋。當心放下某物時，便是心中所感受到的自然狀態，內外都會是清淨的。

※

反覆地思維自己，會使你覺知到此心更深層的特質，把你帶到解脫之境。這是一個工具，能消滅心執著於事物，並令此心變得虛弱的習慣。解脫來自於覺照與覺知的力量，而非透過煩惱、貪愛或執著的力量。

※

當心掙扎著想得到某個東西時，剛開始時只要盯著它看即可。在心停止掙扎後，你才依著適當的方式處理問題。這樣做，會讓欲望變得更虛弱，你的行為也將會落在覺照與覺知的控制之下。

※

如果你不實驗運用覺照與覺知來戰勝煩惱，就會停留在愚痴狀態，只是不斷地吃，並依著自己的方便而生活，一旦任何事情降臨時就開始打轉，試圖抓取一切。這是因為我們沒有認真地培養耐力與容忍，並訓練自己耐心地觀察、專注於疼痛和痛苦上，看看它們是多麼地粗重，看看它們「是誰的」疼痛與痛苦。只有當我們耐心地專注在疼痛與痛苦上直到消散為止時，才會從修行中得到廣大的利益。

※

我們必須訓練自己去觀察疼痛，專注在疼痛上，直到心不會和它攪和在一起而能夠放下為止。疼痛其實並沒有超越身體的範圍；至於樂受，則更不要執著——你完全不必因樂受而開心。你必須平等地看待苦受與樂受，它們平等無異地都是無常的與苦的，打從一開始就是如此。

※

當你靜坐時，不論疼痛如何生起，都必須耐心地觀察，直到你能夠放下為止。你要視疼痛為身心現象的壓力。至於心，則要維持在正常狀態，不要掙扎。這樣做，貪愛就不會生起。如果你任由貪愛生起的話，在放下時就會遭遇困難，因為貪愛一定會在各處使勁地破壞。

只要做到觀察疼痛，當它生起時，就讓它生起；如果疼痛是強烈的，只要覺知它是強烈的就好。不要讓貪愛生起，就單單讓感受留在那兒覺知感受。注意觀察感受如何成形及改變即可，並把任何貪愛擋下來。

或者如果你願意的話，可以轉而純然不雜地觀察這顆心。如果心正處於混亂狀態，你就可以知道貪愛已經生起了；如果心正處於正常狀態，那麼更要仔細地觀察，因為心會迅速地鬧情緒，只要你的注意力一不專注，心就會隨著情緒跑了。

※

當你追逐好的與壞的，並執著有一個我時，就製造了一個極大的騷動。可是當你真正清楚地認知時，便能條理出這些問題，逐漸化為烏有。當你檢視所有的證據時，會明白並沒有什麼好的或壞的生起，它們全都消逝了。可是新產生的念頭會生起，然後消滅，生起，然後消滅，如此持續地流動，同時導致非常多的問題。但實際上並沒有這些問題，有的只是生起、持續與消滅。由於我們沒有專注於認知這一點，所以會覺得問題叢生。不過，不管問題究竟有多少，卻只有一個現象：生起，持續，然後消滅，一個接著一個地循環，就像水流的波動，而這個波動根本不足以視為一個東西。

如果你深入觀察自己思想的波動，不論好與壞，會發現沒有任何東西是可以抓取到並認為它具有實質，因為這些念頭全部都消滅並消逝了。如果你學習以這個方法善巧地觀察，心就會是空的，你會明白這些事物全都生起，持續，然後消滅。過去的已經過去了，未來還未到來，就只看著現前就在你的眼前生起，然後消滅——記住不要抓取！

當你看著生起、持續與消滅，如此而已，就在當前這一剎那，你就能夠放下，也就得到解脫了。

※

有一句古諺說道：

一支旗桿樹立在

一條湍急的河中：
佛陀就出現在那兒
他的法是最殊勝的。

「在一條湍急的河中」指的是現在，在這兒出現了因緣生法，變化，生起，然後消滅。「佛陀就出現在那兒　他的法是最殊勝的」指的是清楚的覺知就在那兒被找到，放下執著就出現在那兒。

檢查你的心，看看它追逐著怎樣的潮流。停下來觀察和覺知，最終，你會明白那兒什麼都沒有，有的只是在空中生起，然後消滅。就像一個投影，閃爍地凝成一個形，然後便消逝了，沒有任何實質。

※

如果你向內觀察，一路看到底，就會明白世間的事物完全沒有價值，因為最高的價值住於這顆充滿清晰、明亮、無垢的覺知之心裡面。就算這種覺知僅只是片刻的，仍顯示出你的修行沒有白費。你可以將這種覺知視為導引，持續地跟隨著，直到毫無殘餘地消滅煩惱與痛苦為止。

※

這顆心內在的感受會自行顯示自己，就像深藏在岩石中的鑽石：當岩石被切開時，鑽石閃閃發亮。同樣的，當心深藏在煩惱、貪愛與執著中時，將完全處在黑暗境地，毫無光彩或明亮可言。可是當我們運用覺照與覺知這個切割工具，將寶石的那一面切割出來時，心自會放出明亮的光芒。

※

佛法涵括許多主題，全都總集於這顆心上。煩惱是一種法，覺知與五蘊也是。每件事物都是法。現在，我們所要的是最高尚的法，是那種不是和合而生的法。我們想知道這個法是什麼樣子？位居在什麼地方？它就在心裡面。這顆心不是和合的，它空無自我：那才是真正的法。

※

在觀察現前的現象，也就是事物生起，持續，然後消滅的情形時，必須持續下去，直到看穿那個不生起或消滅的事物為止。當你完全理解生起，持續，然後消滅時，就會面對面地接觸到空。

※

空並不是坐著時對自己說「根就沒有任何東西存在」，這種空還是有東西存在，例如眼睛看到形相、耳朵聽到聲音等等。它們會是空的，只在於心不鑽進去貼標籤、攪和或製造出任何東西，以及有喜歡或厭惡的感覺。它們會是空的，在於這顆心不受執著的束縛，如此而已。

※

如果你不知道該如何熄滅並放下事物，在修道的每個層面都會黏著。一旦你黏著在空或者寂靜的美妙滋味上，那是涅槃的愚痴版。

※

這個修行要求你通過很多東西，如果你得到新的知見卻緊抓不放，會在道上製造障礙。就像旅行一樣，如果你碰到新奇的事物，並對到達的處所感到滿意，而不願意繼續旅程，就會落得在該地建造房子。你繼續旅程的能力決定於一個覺知，它清楚地看穿了全程。如果你就在這兒修建房子，認為涅槃就在「空」那兒，就把你的路堵住了。可是如果你把這種寂靜與空的感覺當作一個休息站，就不會有太大危險，因為你仍然有機會繼續在道上前進。

完全摧毀煩惱的道，必須專注於摧毀黏著於知識與各種看法的知見。

你必須辨識出修行之道上所應該視為是休息站的各個階段，而且要明白你所以停留在那兒，只是為了短暫的棲息；一旦你抓得太緊，就會黏在那兒，再也無法向前邁進了。

如果你的覺知能夠像這樣一次又一次地專注，心最終必然會屈服，它到處閒逛去認識這個及那個的舊習慣就會逐漸平靜，而且不需要你刻意強制，心就會靜止不動，因為它無法承受你那無一時暫捨的督視。每一次當你盯著心的時候，就會看到它誤導欺誑的那一面，也就會明白它是如此不值得信賴和執著，於是就降低了它的誤導欺誑。

※

這就好像一個諂媚你的人，一旦你把焦點專注在他身上，並明白他在搞什麼鬼時，他必然會尷尬地縮回去。

專注於自我生起的那個點。你的覺照與覺知必須從許多的角度來培養方法，並運用自己想出來的妙計。

基本的妙計是一件小事：去尋找我見自行消逝的那個點。

如果你的覺知不能清晰地穿透神識屬性消滅的情況，你就不可能認識到各種心態是如何生起與消滅，也就不可能知道它們是如何地遊蕩去抓取境物，如何地陷入好的與壞的心思漩渦中，或者是如何地完全陷入困擾混亂的地步。因此當你選擇你的焦點時，也就直接專注在心態的滅相上了。當心態抓取一個境物時，它們就消滅了嗎？繼續去觀察，直到你能看到它們自行消逝為止。如果你無法做到這一點，那麼就先專注在身心現象的滅相上。當你清晰地看到生理和心理現象的滅相時，就會親眼看到這個覺知滅相的神識本身也是會消逝的，在每一個剎那中它都覺知到這些事情。

認知到神識的滅相非常有幫助。不論神識如何生起，總是自行消滅。當你覺知到這一點時，就不會執著於認為有某一類的自我存在著的想法。

純淨不雜地認知神識的滅相，便是去認識每個東西的滅相，就像打開全世界或把全世界剝開並棄捨一樣。

當你能夠剝開、棄捨，並且放下，那麼除了空之外，什麼都沒有了。這是一種明亮清晰的空，完全沒有任何世界的想法。這個「世界」與「五蘊」的字眼，只是世俗為了幫助我們方便認識變化的存在而安立的。

※

若要純淨不雜地熟悉覺知的屬性，必須觀察心在回應觸受時的活動。你必須認識到事物的生起與消滅，觀察那伴隨著這顆心的覺知，它深藏於心內或在神識的屬性裡。如果覺知不是和合而生或者被標示的話，就會保持安靜，並維持自己的立場。如果你想看看這種覺知可以維持多長的時間，就必須觀察它在回應感官接觸或內在貼標籤的感受時所做的活動。當這些東西生起時，那個覺知可不可以維持自己的立場呢？如果不能的話，覺知就會被捲入分神的狀態，當狀態終於平息時，你將會累壞了。

如果你能夠純淨不雜地深入觀察覺知的緣，就會知道自己內在的立足處。開始時，你必須依賴覺照作為專注的立足點，然後專注覺知變化以及生起與消滅的緣。這是有專注來攝持的觀察，不僅只是單純地看而已。

單純地看並不會導向認知，而是一種幻覺。有專注作為攝持的觀察，能夠產生清晰的認知，本身就是摧毀幻覺的工具。不論你在哪個層面從因緣生法解脫、從心的名言符號解脫，或者從執著中解脫，它就是心內或神識屬性內清楚認知的來源。

※

倘若要讓覺知純然不雜地達到心中或神識屬性的凝聚點，你必須專注於心內變化的狀況。這麼做是去摧毀深藏在神識屬性中的種子。這些種子持續不斷地住於神識的屬性中，而且非常精細。

這些種子包括對欲的貪種子、對生的貪種子，或對不生的種子。對欲的貪很容易被發現，它闖進來並製造對色、聲、香、味與觸等欲求，作風極容易被察覺。至於潛伏生的貪種子，也就是想活著或有一個我或屬於我之事物的貪，都存在於深層，如果想要摧毀它們，就必須內觀得很深才行。

如果你能一路看穿並摧毀這些種子，將是你從痛苦中解脫的道路。這一個純然不雜的神識屬性的凝聚點，或純然不雜的覺知的屬性，非常值得深入去觀察。如果你不凝聚覺知以深入地觀察這一點，便會覺得摧毀這些種子很難，而且所摧毀的也只是外在的種子，譬如那些感官樂的種子。可是潛伏於心內或神識屬性中的種子，本身是無記性的，這就是為什麼我們很少能看透它們，也幾乎不認識它們。原因是我們跟它們的孩子和追隨者：感官樂，玩在一起，而根本不專注於內以得到任何深度的觀點。

※

無記性的種子潛藏於你的性格中，你不可能刻意地即刻淨除它們。想滅除無記性的種子，唯一的方法是向內一步一步地思維，你就能清楚地認識它們了。如果你想要淨除心中無意志的東西，就必須達到覺知無記的最底層才行。

※

包含於神識屬性之內的，是一種認為有個生命體或擁有一個我的想法，所含藏的種子就會產生生命以及擁有者，就跟一粒蘊藏著樹皮、樹枝與樹葉的種子一樣。如果你純淨不雜地專注於認知名色屬性的因緣，它就會自行摧毀再生的種子。

※

我們必須觀察兩種自然的因緣：像蘊集這類事物的變化因緣，以及痛苦完全消滅時不變化的因緣。

第一類總是無止息地改變它的面目，矇騙我們去執著它為真實的，譬如我們對樂受的著迷就特別具有欺騙性。雖然我們訓練這顆心不動，卻仍然期待著樂受的美味，這是因為我們尚未思維每一類感受的虛妄性。

有些阿羅漢透過熟悉感受並摧毀深潛於三類感受中的隨眠煩惱：苦受，樂受，不苦不樂受。

對憤惱的隨眠煩惱潛藏在苦受中，一旦苦受生起時，不論是心理的或生理的，憤惱便在心中生起。

對貪愛的隨眠煩惱潛藏在樂受中，我們喜歡各種樂受，希望一直和它們同在。

當一種平等的感受，也就是不苦不樂受生起時，我們就陷入這種平等的狀態中。因為我們不明白這只是一種感受，必然會隨著它的條件生起以及消逝。這就是為什麼無明的隨眠煩惱潛藏在平等的感受中。

我們應如何放下這些隨眠煩惱呢？這是一件我們應該特別注意的事，因為感受帶有很多誘惑，必會引起貪愛。

譬如說，當心是寂靜和空時，之後它變化了，不再是寂靜的與空的，然而我們仍希望這顆心再度是寂靜的與空的。但我們的希求愈急切，心就愈不是空的。

如果我們能夠滅除對空的欲望，就能讓心再次空下來。欲望便是讓心陷入困擾的東西，所以我們必須消滅欲望。

我們學習約束感官門，以能消滅欲望，因為心總是想要在周遭看到形相，聽到聲音，聞到氣味，嚐到滋味，以及觸到感受。

這是因為我們不知道欲望何以是痛苦的原因，所以不斷掙扎著想滿足自己的欲望，於是各種痛苦就隨之而來了。

※

有為法，也就是因緣所生的法，包括具有三種特性的自然現象。我們需要研讀的可以歸結成兩類：有為法與無為法。這兩個詞都蘊含著深廣的涵義，尤其是有為法，它總是無常的、苦的與無我的。有為法的狀況無有窮盡地依著本具的激流而流轉。至於無為法則是一種不會改變的現象，不苦，而且依然不是自我，就很難了解了。可是連這種精細微妙的狀態，我們也不該執著。

※

當心停下來，靜止不動，並覺知著自己時，就讓它更深刻地專注在自身上。因為心的停止狀態，是一種專注與平等的心態：寂靜，中性，不樂抑不惱。這是一種有為現象，稱為不動行或不動法；或者如果你想的話，也可以稱為中性的法。當你專注於它時，視它不過是自然的一部分，不要沉醉在寂靜、中正不倚或平等中。不過，你也必須依賴平等，才能純然不雜地看待事物為自然的一部分。這是一種消滅任何好或惡、好或壞之法。因為這個緣故，我們不僅僅停在平等狀態，更必須一路看到底，看到它是自然的一部分，是沒有我的。

※

當自然和合的那一面分解時，心停留在對平等的覺知上，之後你專注於平等，只是覺知這是自然的一部分，沒有任何標籤或文字語言。就只專注在這上面，看住它，而且熟悉更深層的自然現象，完全沒有任何標籤。

當你純然不雜地觀察自然的每個層面時，事物就變得更深奧了。你認知之後便放下，認知，然後放下，認知，然後放下——空寂！

無論生起什麼，你都放下。你向內端詳的重要原則，就只是放下。

你看，你觀察，然後放下。引導著這顆心去放下，觀察徹底的寂靜，沒有內在的對話。認知，然後放下。透過放下一切覺照去繼續認知，但呼吸並沒有消失。不論心是多麼地寂靜或空，你在每一個呼吸中覺知著。如果你不這麼做的話，很快就會失去專注並分神，或某類因緣生法會干擾你，導致你失去了立足處。

※

當心在構思不善之念時，諸如對感官貪愛之念、惡意之念、傷害之念，這些全都稱為非福行。

當心對貪著感官樂產生一種過患，並培養一種對感官樂的不信任、厭惡以及憎惡之感，這便是你淨化這顆心的方法，心也就不會黏著於感官愛之上，反過來會住於清醒覺悟上。當你明白惡意的過患，並以善意寬容來思維，就是你摧毀惡意的方法。當你明白傷害的過患，而以不害的態度來思維與行動，這一切都稱為福行。

當心構思這些事情時，不論是福行或非福行，都讓自己陷入混亂中。善念必須努力去驅逐不善之念，但如果你思維得太多，會讓身與心感到疲勞。當這種情形發生時，你必須專注於單一之念，以把心帶回集中狀態。

當你專注於集中狀態時，把福行與非福行全拋開，而持續不斷地停留在單一之念，這就落入不動行的特質中。

有個生命體的感覺，長時期地處於安住不動或平等的狀態，並不符合像禪定或更高深的定之不動行的定義。這只是一種有覺照與覺知的不動之行。這顆心覺知著自己，將焦點集中於自身，並持續不斷地認知自己，而不製造善的或惡的念頭。不過，這也可以被置於不動法的範圍內。

為了這個原因，我們必須找到這顆心能夠保持自己立場的那一面，以能看得更深入，這樣它就不執著在不動法上了。我們必須穿透這一點，才能清楚地看到生起、持續與消滅，以及無常、苦與無我都集中在這兒。

你必須磨利認知的根本原則，令它猶如剃刀般銳利，那時你就能看到凡事沒有任何實質這個真理，看到它全是幻想。

※

「認知」與「不認知」各處相對立場，看起來似不相同，如果你執著在這個二元論上，也就執著在自身上了。

如果你真的想去認知，就必須認知兩面：認知的一面與不認知的一面，看到這兩者都是同樣無常和虛妄的。

※

你對於生理與心理現象的覺知，全都是因緣生法：覺照是一種因緣生法，覺知是一種因緣生法，連寂靜之心也是因緣生法——當它不寂靜時，也是個因緣生法。所以要深入地、精確地從各個角度，由裡到外觀察因緣生法。

知見這件事，甚至這個觀察者、認知者，也是因緣生法。一切全是因緣生法，不論它們是正確的還是錯誤的，好的還是壞的。所以你必須徹底地熟悉因緣生法。當你完全認知了因緣生法時，以深刻穿透的方法，就會生起一種清醒之感。如果你不這樣做的話，就會緊抓著善法而排斥不善之法。

※

我們在因緣生法的變化與消滅上認識到因緣的和合之相，之後便明白了我們一直都跟這些虛假不實的仿製品玩在一起。

連清楚的認知也是一種因緣生法，依著身與心的情況而改變。覺照、覺知及直覺的認知全都是因緣生法，它們都是善法，現在我們必須依賴它們。

我們必須了解如何正確地運用因緣生法，之後就放下，而不必老是緊抓著不放。

※

認知是一種因緣生法，不知也是一種因緣生法，當我們在內在自我檢查時，會明白這兩者都是生起，之後就消逝了。就連我們以這個方式所認識到的真理也不會久存，終究會轉變成不知。

透過這個，我們能夠明白因緣生法在很多層面上玩弄著各種把戲，而我們竟被迷幻住而跟它們玩在一起。

當我們能認識到每一類的因緣生法在每一層面的戲法時，就真的有利益了。我們會確實依著佛陀所說「諸行無常——一切因緣生法都是無常的」去認知。這是一個重要的原則，讓我們得以在每一類的因緣生法中看到苦相。

連善的因緣生法，譬如覺照與覺知，本身也是苦的，因為它們必須不斷地改變。它們就像我們現前所使用的工具，可是我們卻不應該老是縈繞著它們轉。

※

雖然我們必須尋找認知的基礎，運用覺照與覺知去監督這個心，但也應該明白這顆心是一種因緣生法。覺照與覺知是因緣生法，如果我們只在表層上認知，然後便四處談論修行中能夠放捨的東西，就表示還沒有深入看到因緣生法。如果情況是這樣的話，我們就仍然處於因緣法的急流之中。

正確的認知是一種善的因緣生法，必須內內外外，包括它本身，在很多極為複雜的層面去訓練、解讀並分解事物。

一旦你已經看到了無常與苦，在每一類的因緣生法中就必須看到它缺乏自我的一面。

※

你必須認知到因緣生法是無常的、苦的，其自身並沒有我。反覆不斷地觀察這一點，直到清晰地呈現在心中為止。只有這樣，你才能培養一種覺醒與無貪之感。你不會緊抓住善法或排斥不善法，因為你已經明白它們的價值是相同的，而且同樣是會變的。

雖然我們穩住認知的立場，以確保心不再製造更多東西，可是仍不該緊抓住認知這件事，因為它也是會改變的。

有時候我們認為自己已經認識了這件事的真相，可是卻在其他時刻出現了更為清晰的認知，這讓我們明白過去所認為的真知，事實上並不是，因為認知是會變的。不論變化時它攀升得多高，你必須牢記它仍舊是因緣生法；不論它的層次是什麼，仍然會改變。不論它是粗糙還是精細，你必須徹底地認知，否則你將會停留在緊抓不放的狀態。

如果你能夠以徹底觀察因緣生法的方式來看待好的、壞的、對的、錯的、「認知者」、「不知者」，只是同一類東西，你的認知會逐漸生起並超越它們。可是就算認知是超越的，仍然是因緣生法，還沒有從因緣生法中解脫。甚至連道也是因緣生法，所以當我們在道上修行以及在培養正見的因緣時，不論認知的特質為何，都必須透視事物，清楚地看到每一類因緣。不論我們觀察的是生理或心理現象的生起與消滅，全都是因緣生法。連堅穩地住於定中的心，也是一種因緣生法，因為它不過是禪定的不同階段而已。

※

如果你不向內觀察，就會讓這顆心變得黑暗與模糊不清，之後當感官觸發生時，心很快就會擾亂不安。所以，我要求你們努力向內仔細地凝視，看看心中有些什麼，事物是如何生起的，心的名言符號與心行心思又是如何生起的，這樣，你就能夠消滅並摧毀它們，讓這顆心純淨不雜，完全沒有標籤或執著。於是，心會變得空無煩惱，你可以稱為你的內在美或「空姑娘」，它有一個重要的、不會改變的特質：不會變老、生病或死亡。這是一個你必須在心上觸及的東西，它不是心的本身，可是心的本身卻能與它接觸。

※

當我們修行時，就像切鑽石的人。我們的鑽石，也就是這顆心，陷於厚重的黑暗煩惱中，我們必須運用覺照與覺知，或者戒、定、慧為切割工具，讓這顆心得以在思想、言語與行為上保持清淨。然後我們訓練這顆心寂靜不動並思維觀察，這樣才會生起真實的知見。在那兒，你會遇到從煩惱與隨眠煩惱中解脫出來的究竟清淨與自在：我們的「空姑娘」，她極為漂亮，沒有變化，死神見不到她。

至於這是不是一件值得追求的事，就留給你自己去決定！

附錄

以下開示其講演的相應日期：

修行概說	一九五四年三月十七日
靜坐一小時	一九七七年三月三日
生命的基本秩序	一九六四年一月廿九日
持續修煉	一九六四年一月十四日
呼吸的每一個進出	一九六四年一月廿九日
疼痛的真相	一九七二年十二月廿八日
就在覺知上覺知	一九七五年十一月三日
純然在當下	一九六四年六月三日
認知的騙局	一九六四年一月廿九日
諸法無我	一九七一年七月九日
以清涼的方式熄滅	一九六四年五月廿六日
解讀這顆心	一九七四年三月十五日

我與自私　一九六三年十一月一日

輕重緩急的抉擇　一九六三年十一月十六日

覺照猶如打進水霸的樁材　一九七〇年十一月六日

內在的戰鬥　一九七〇年十一月十三日

停下來，觀察，然後放下　一九六五年七月廿八日

一切皆不值得愛執　一九七〇年十一月廿一日

就在當下打住　一九七〇年十一月廿八日

靈丹一帖：給病中的禪修者　一九六五年九月三日

專有名詞一覽

蘊集　生理與心理之感官經驗的組成元素，形成個人產生有一個自我的基本材質：色（身體，任何物質之法）；感受；分別；心行心思；與感官之識（意識算作第六識）。

隨眠煩惱　隨眠煩惱共有七類：欲貪，瞋恚，惡見，疑，慢，有貪，及痴。

阿羅漢　把煩惱及隨眠煩惱斷盡的人，因此將來註定不會再受生。

菩薩　在成正覺之前的佛陀。

煩惱　能障礙心使之無法明淨清澈的各種心理特質。共有三根本的類別：貪、瞋與痴，並可以組成各種各類的形式。某個標準的說法共列出了十六個：貪、忿、瞋、恨、誑、慢、嫉、慳、覆、諂、惱、害、憍、掉舉、放逸。

法　廣義的法指的是一種現象，一個事件，事情內外所以是那個樣子，它們本具的特質，它們活動背後的基本理則。狹義的法意指人類為了要適應事物的自然法則所必須遵守的行為；為了要明瞭這顆心天生本具的性質，他們所需要培養的心靈品質。衍伸出去，法往往也意指任何教導廣義與狹義之法的教義。

念住　運用覺照與警覺如實地思維身體、感受、心與心的特質的修行。

煩惱漏　有四種特性：欲漏、有漏、見漏與無明漏，從心中流出，並釀造生死輪迴的洪流。

禪定　心極度專注的狀態，一種強而有力、精神穩固集中的狀態，或者奠基於心中色界或微細的無色界層面。

業感　身口意刻意造作的行為，會導致有與生。

魔　擬人化的死亡與誘惑。

名色　身體與心理的現象。色與五蘊中的第一蘊相同（參閱上面「蘊集」），名則包含其餘的四蘊。

涅槃　解開束縛；心從致使它陷於生死輪迴中的隨眠煩惱，煩惱與結使中解脫出來的狀態。因為這個詞被用來指火的熄滅，含有寂靜、清涼與和平的意思。（根據佛陀時代所流傳的物理學，正在燃燒的火捉住或黏著於燃料上；當火被熄滅時，束縛便被解開了。）

聖諦　四種觀察經驗的類別，透過這樣的觀察可使一個人得到證悟——苦，它的原因，它的止息，與通往它的止息之修行方法。

個人，各人親證的　法是一種藉由直觀而得的直接經驗，因此是一種個人的體驗。雖然法也可以從他人聽聞，可是要真正認識法，這種第二手資料是不夠的。直接經驗是體驗法的最主要因素。

結使　十種結使束縛這顆心，令它反覆地在生死之中，其中包括我見、疑、戒禁取見、欲貪、瞋恚、色貪、無色貪、慢、掉舉與無明。前三個結使在證得初果時斷盡，被稱為入流果；接下來兩個則於證第三果時斷盡，被稱為不還果；其餘的五個結使於證第四及最後之果，即阿羅漢果時斷盡。

十六慧義經　十六個問題，在《經集》的最後一章，內容為十六位年輕的婆羅門詢問佛陀有關教義的微細之處。摩伽羅闍的問題，在「一切皆不值得愛執」的開示中曾經被提到，是其中的第十五個問題。

隨眠煩惱　不淨，為煩惱的同義詞。

優婆夷　佛陀的在家女弟子。

善知識　JB0045X

覺照在當下：泰國二十世紀最傑出女修行者的禪修指導

Pure and Simple:The Extraordinary Teachings of a Thai Buddhist Laywoman

作者	優婆夷紀．那那蓉（Upasika Kee Nanayon）
英譯者	塔尼薩羅比丘（Thanissaro Bhikkhu）
中譯者	釋見諦
責任編輯	陳芊卉
封面設計	周家瑤
內頁排版	普林特斯資訊股份有限公司
業務	顏宏紋
印刷	中原造像股份有限公司

發行人	何飛鵬
事業群總經理	謝至平
總編輯	張嘉芳
出版	橡樹林文化 台北市南港區昆陽街 16 號 4 樓 電話：886-2-2500-0888 #2738　傳真：886-2-2500-1951
發行	英屬蓋曼群島商家庭傳媒股份有限公司城邦分公司 台北市南港區昆陽街 16 號 8 樓 客服專線：02-25007718；02-25007719 24 小時傳眞專線：02-25001990；02-25001991 服務時間：週一至週五上午 09:30-12:00；下午 13:30-17:00 劃撥帳號：19863813　戶名：書虫股份有限公司 讀者服務信箱：service@readingclub.com.tw 城邦網址：http://www.cite.com.tw
香港發行所	城邦（香港）出版集團有限公司 香港九龍土瓜灣土瓜灣道 86 號順聯工業大廈 6 樓 A 室 電話：852-25086231　傳眞：852-25789337 電子信箱：hkcite@biznetvigator.com
馬新發行所	城邦（馬新）出版集團 Cité（M）Sdn. Bhd.（458372U） 41, Jalan Radin Anum, Bandar Baru Seri Petaling, 57000 Kuala Lumpur, Malaysia. 電話：+6(03)-90563833　傳眞：+6(03)-90576622 電子信箱：services@cite.my

一版一刷：2008 年 3 月
二版一刷：2025 年 4 月
ISBN：978-626-7449-79-0（紙本書）
ISBN：978-626-7449-74-5（EPUB）
售價：350 元

城邦讀書花園
www.cite.com.tw

國家圖書館出版品預行編目（CIP）資料

覺照在當下：泰國二十世紀最傑出女修行者的禪修指導 / 優婆夷紀．那那蓉（Upasika Kee Nanayon）作；塔尼薩羅比丘（Thanissaro Bhikkhu）英譯；釋見諦中譯. -- 二版. -- 臺北市：橡樹林文化出版：英屬蓋曼群島商家庭傳媒股份有限公司城邦分公司發行，2025.04
面；　公分. --（善知識；JB0045X）
譯自：Pure and simple: The Extraordinary Teachings of a Thai Buddhist Laywoman
ISBN 978-626-7449-79-0（平裝）

1. CST：佛教說法　2. CST：佛教修持

225　　114003924